DONG TIANHUA

FANGTANLU

东吴名家 · 名医系列

董天华访谈录

杜志红 著

学术支持

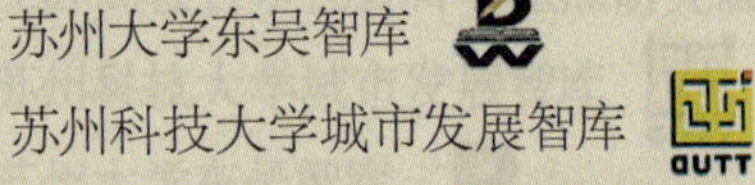

苏州大学东吴智库

苏州科技大学城市发展智库

苏州大学新媒介与青年文化研究中心

总序

留点念想

田晓明

在以“科学主义”为主要特征且势不可挡的“现代性”推进下，人类灵魂的宁静家园渐渐被时尚、功利和浮躁无情地取代了，其固有的韧性和厚度正日益剥落而变得娇弱浅薄，人们的归属感与幸福感也正逐步消失。在当今中国以“改善社会风气、提高公民素质、实现民族复兴”为主旋律的伟大征程中，“文化研究”“文化建设”“提升软实力”等极其自然地成为全社会关注的热门话题。作为一名学者，自然不应囿于自己的书斋、沉湎于个人的学术兴趣，而应该为这一伟大的时代做点什么；作为一名现代大学管理者，则更应当拥有这样的使命意识与历史担当。

一

任何“以问题为导向”的研究总是不乏高度的历史价值、使命意识和时代意义，文化研究也不例外。应该说，我对文化问题的关注和兴趣缘起于自身经历的感悟和对本职工作的思考。近年来，我曾在日本、法国、德国、美国等发达国家进行学术交流或工作访问。尽管这些国家彼此之间存在着很大的文化差异，但其优良的国民总体素质给我留下了深刻的印象。2013年5月，我应邀赴台湾地区参加了“2013高等教育国际高阶论坛”，这也是我首次台湾之行。尽管此行只有短短一周，但祖国宝岛给我留下了深刻印象：在日常交往中，我不仅深切感受到中华民族的优秀传统在台湾地区被近乎完整地“保留”下来，而且从错落有致甚至有些凌乱的古老街景中“看到”了隐含于其背后的一种持守和一份尊重……于是，我又想起了大陆在中华人民共和国成立之后，人们在剔除封建糟粕的同时，几乎“冷落”甚至放弃了很多优秀的文化传统；在全面汲取苏联“洋经”的同时，也一定程度上失去了我们的文化自主性。“文革”期间，许多优秀传统文化遭受的破坏自不必多言。改革开放以来，随着国门的“打开”，中华大地在演绎经济发展奇迹的同时，中华民族的一些优秀传统却没有得到同步保留或弘扬，极个别的优秀传统甚至还出现了一些沦丧的现象。这便是海外之行和台湾地区之行给我留下的文化反思与心灵震撼!

带着这份反思和震撼，平日里喜欢琢磨的我便开始关注起“文化”及“文化研究”等问题了。从概念看，“文化”似乎是一个人人自明却又难以精准定义的名词。在纷繁的相关阐述中，不乏高屋建瓴的宏观描述，也有细致入微的小处说法。可谓仁者见仁，智者见智。文化概念的复杂性也赋予了文化研究所具有的内容丰富性、方法多样性和评价复杂性等特征。黑格尔曾做过这样的比喻：文化好似洋葱头，皮就是肉，肉就是皮，如果将皮一层层剥掉，也就没有了肉。作为“人的生活样式”（梁漱溟语），文化总是有很多显形的“体”，每一种“体”的形式下都负载着隐形的“魂”。我们观察和理解文化，不仅要见其有形之体，更要识其无形之魂。体载魂、魂附体，“魂体统一”便构成了生机勃勃的文化体系。古往今来，世界上各地区、各民族乃至各行各业都形成了自己的文化体系，每一文化体系都是它自己的“魂体统一”。遗憾的是，尽管人们在思想观念上越来越意识到文化的重要性，但在日常生活和社会实践中，“文化”概念被泛化或滥用了，正如人们常说的那样：文化是个筐，什么都能装。

从文化研究现状来看，我认为存在两个方面的问题：一是文化研究面临着“科学主义”“工具理性”的挑战和挤压；二是文化研究多是空洞乏力的理论分析、概念思辨，而缺少务实、可行的实践探索。一方面，在“科学主义”泛滥、“工具理性”盛行的当今时代，被称为“硬科学”的科学技术已独占人类文化之鳌头，越来越受到人们的顶礼膜拜。相比之下，人文社会科学在人类文化中应有的地位正逐步或已经被边缘化了，其固有的功能正日益被消解或弱化。曾经拥有崇高地位的人文社会科学已风光不再，在喧嚣和浮躁之中，不可避免地陷入了“软”科学的无奈与尴尬。即便是充满理性色彩、拥有批判精神的大学已经意识到并开始重视人文社会科学的教育功能与文化功能，但在严酷的现实语境中，也不得不“违心”地按照所谓客观的、理性的科学技术范式来实施人文社会科学教育管理和研究评价。另一方面，由于文化研究成果多以“概念思辨”“理论分析”等形式表达，缺少与现实的联系和对实践的指导，难免给人以“声嘶力竭”或“无病呻吟”之感受。从一定意义上讲，这种苍白、乏力的研究现状加剧了人们视文化为“软”科学的看法。这无疑造成了文化研究和文化建设的困境与尴尬。

从未“离开”过校门的我，此时自然更加关注身陷这一“困境”和“尴尬”旋涡中的大学。大学，不仅是传授知识、探索新知的重要场所，也是人类文化传承与发展的主要阵地。她不仅运用包括人文艺术、社会科学、自然科学等在内的人类文化知识进行有目的、有计划、有步骤的高级人才培养，而且还直接担当着发展、创造与创新人类文化的历史责任。学界一般认为，大学具有人才培养、科学研究和社会服务三大功能。应该说，这样的概括基本涵盖了大学教育的主要任务。但从学理上看似乎还有值得商榷的地方。一方面，从逻辑上看，这三项功能似乎不是同一层次的、并列的要素。因为无论是培养高素质人才，还是产出高质量科研成果，都是大学服务社会的主要方式或手段。如果将社会服务作为单一的大学功能，那么是否隐含着人才培养和科学研究就没有服务社会的导向呢？另一方面，从内涵上看，这三项功能的概括本身就具有“工具化”“表面化”的特征，并没有概括大学功能的深层的、本质的内涵。那么，有人会问，大学的本质到底是什么呢？我认为，在归根结底的意义上，大学的本质就在于“文化”——在于文化的传承、文化的启蒙、文化的自觉、文化的自信、文化的创新。因为脱离了文化传承、文化启蒙、文化创新等大学的本质性功能，人才培养、科学研究和社会服务都会成为无源之水、无本之木，而大学的运行就容易被视作简单传递知识和技能的工具化活动。从这一意义上说，大学文化建设在民族文化乃至人类文化传承、创新中拥有不可替代的重要地位甚至主要地位。换言之，传承、创新人类文化应该是大学的历史使命与责任担当。

如果说，大学的本质在于文化传承、文化启蒙、文化自觉、文化自信和文化创新，那么，大学管理者的主要职责之一便是对文化的“抢救”“保护”“挖掘”。这是现代大学校长应具有的文化忧患意识和责任感。言及大学文化，现实中的人们总是习惯地联想起“校园文化”，显然这是对大学本质的误解甚至曲解。一直以来，我坚持主张加强“文化校园”建设。“校园文化”与“文化校园”，不是简单的文字变换游戏，个中其实蕴含着本质的差异。面对“文化”这一容易接受却又难以理解的概念，人们总是无法清晰明快地表达“文化是什么”，有人曾经做过比较详细的统计，有关文化的定义多达两百多种。既然人们很难定义“文化”的概念，或者说很难回答“文化是什么”，我们不妨转换一下视角，抑或可以相对轻松地回答“什么是文化”“什么是没有文化”“什么是文化缺失”等问题。我所理解的大学文化，在于她的课上和课下，在于她的历史与现实，在于她的一楼一宇、一草一木、一砖一瓦、一人一事……她可能是大学制度文化的表达，可能是大学精神文化的彰显，也可能是大学物质文化的呈现。具体而言，校徽、校旗、校训等标识的设计与使用是文化校园建设的体现，而创建大学博物馆、书画院、名人雕塑等，则无疑是大学文化名片的塑造。我曾发起和主持大学博物馆（即苏州大学博物馆）的筹建工作，这一“痛并快乐”的工作，让我感慨万千。面对这一靓丽的大学文化名片，我似乎应该感到一种欣慰、自豪和骄傲。然而，在经历这一“痛并快乐”的过程之后，我却拥有了另一番感受：在大学博物馆所展示的一份份或一块块残缺不全的“历史碎片”面前，真正拥有高度文化自觉或自信的大学管理者，其内心深处所拥有的其实并不是浅薄的欣慰和自豪，而是一种深深的遗憾、苦苦的焦虑和淡淡的无奈！我无意责怪或埋怨我们的前人，我们似乎也没有太多的时间和精力去责怪、埋怨，因为还有很多很多事情需要我们去落实、来实现，从而给后人多留下一点点念想，少留下同样的遗憾。

这不是故作矫情，也不是无病呻吟，只有亲身经历者，方能拥有如此宝贵的紧迫感。这种深怀忧虑的紧迫感，实在是源于一种更深的文化理解！确实，文化的功能不仅在于“守望”，更在于“引领”，这种引领既是对传统精华的执着坚守、对现实不足的无情批判，也是对美好未来的理想而又不失理性的憧憬。换言之，文化的引领功能不仅意味着对精神家园的守望，也意味着对现实存在的超越。尽管本人并没有宏阔博大的思想境界、济世经国的理想抱负、腾天潜渊的百炼雄才，但在内心深处，我却始终拥有一种朴实而执着的想法：人生在世，“必须做点什么”“必须做成点什么”；如是，方能“仰俯无愧天地，环顾不负亲友”。然而，正所谓“前途是光明的，道路是曲折的”，对于任何富有价值和意义的事情而言，“想法”变成“现实”的过程从来都不可能一帆风顺。在当下社会，“文化校园建设”则更是“自找苦吃”！

二

人生有趣的是，这一路走来，总有一些“臭味相投”的“自找苦吃”者与你同行！

2013年，我兼任艺术学院院长。在一次闲聊中，我不经意间流露出这一久埋心底的想法，随即获得了马中红、陈霖两位教授及其团队成员的积极响应。也许是闲聊场景的诱发，如此宏远计划的启动便从艺术学院“起步”了！其实，选定艺术学院作为起始，我内心深处还有两点考量：一是“万事开头难”。既然事情缘起于我的主张和倡议，“从我做起”似乎也就成了一种自然选择。事实上，我愿意也必须做一次“难人”。二是我强烈地感到时不我待，希望各个学院能够积极、主动地加入“抢救”“保护”“挖掘”文化的行列。尽管从本质上讲这是一种历史责任，但在纷繁的现实面前，这项工作似乎更接近于一种“义务”或“兴趣”，因此，作为分管文科院系的副校长，我不能对院长们有更多的硬性要求。于是，我想，作为艺术学院院长，我可以选择“从我做起”，其示范和引领作用可能比苍白的语言或“行政命令”更为有力、更富成效。

当然，选择艺术学院作为“东吴名家”开端的根本想法，还是来自我们团队对“艺术”发自内心的热爱！因为，在我们古老的汉字中，“藝”字包含了亲近土地、培育植物、腾云而出的意思。这也昭示了艺术的本性：艺术来源于生活，但必须超越生活。或许也正因为艺术这样的本性，人们对艺术的反应可能有两种偏离的情形：艺术距我们如此之近，以致习焉不察；艺术离我们如此之远，以致望尘莫及。此时，听一听艺术家们的故事，或许会对艺术本身能够拥有更多、更深的理解。

英国艺术史家贡布里希在其《艺术的故事》开篇中有云：“实际上没有艺术这种东西，只有艺术家而已。”在各种艺术作品的背后，站立着她们的创造者，面对或欣赏这些艺术作品，实际上就是倾听创造她的艺术家，并与艺术家展开对话。这样的倾听与对话超越时空，激发想象，造就了艺术的不朽与神奇。也正是这种不朽与神奇，催生了“东吴名家”的艺术家系列。

最先“接近”的五位艺术家大家都不陌生：梁君午先生，早年在西班牙皇家马德里艺术学院学习深造，深得西方绘画艺术的精髓，融汇古老中国的艺术真谛，是享誉世界的油画大师；张朋川先生，怀抱画家的梦想，走出跨界之路，在美术考古工作和中国艺术史研究中开辟了新的天地，填补了多项空白；华人德先生，道法自然，守望传统，无论是书法艺术，还是书学研究，都臻于至境；杨明义先生，浸淫于江南传统，将透视和景别融进水墨尺幅，开创出水墨江南的新绘画空间；杭鸣时先生，被誉为“当今粉画巨子”，以不懈的努力提升了粉画的艺术价值。五位大师的成就举世瞩目，他们的艺术都有着将中国带入世界、将世界融入中国的恢宏气度和博大格局。

五位艺术家因缘际会先后来到已逾百年的东吴学府，各自不同的艺术道路在苏州大学有了交集和交融，这是我们莫大的荣幸。他们带来的是各自艺术创作的历练与理念，艺术人生的传奇与感悟，艺术教育的热情与经验，所有这些无疑是我们应该无比珍惜的宝藏，在这个意义上，“东吴名家·艺术家系列”的编写与制作也可谓一次艺术“收藏”行动。

三

“收藏”行动在继续进行！随着“东吴名家·艺术家系列”的编写与制作告一段落，我便将目光转向了“名医”。这一探寻目光的阶段性聚焦或定格，缘起于本人儿时的梦想和生活经历。我自小在外公与外婆身边生活，身为医生的舅舅和舅妈对我影响巨大。舅舅的敏感和精明、勤奋与敬业，舅妈的才情和灵巧、细腻与矜持，尤其是他们与病人之间交往、交流的互动场景以及医院的氛围，给我幼小的心灵烙上了深深印记。应该说，舅舅和舅妈身上所折射出来的医生职业操守和人格魅力，不仅是我人生启蒙的绝好养分——“随风潜入夜，润物细无声”地滋养、熏陶着我的成长，而且也渐渐成为我的生活习惯和样态，进而萌生出人生的愿望与梦想——我想成为一名让人尊敬的白衣天使或人民教师！

儿时的梦想，总是比较简洁和朴素，有时还十分直观和现实。在我的思维积淀中，总有一种抹不去的儿时记忆和认知：医生和教师是人世间最崇高、最善良、最阳光的职业！因为几乎没有哪位医生不想救死扶伤的，也几乎没有哪位教师不想教人成人的。世上可以没有其他职业，但绝不可无医生和教师。这两种职业甚至超越了国界、人种、民族和意识形态等差异，因为任何人都会遭遇到生老病死的拷问，任何人都有接受学校教育的过程，绝大多数人也会面临子女教育问题，等等。因此，渴望成为一名医生或教师，便成为我儿时的梦想！

清楚地记得，我在高考志愿书上清一色填写了“临床医学”专业，但因为班主任私底下递交的一份“定向表”，让我儿时的“医生梦”彻底破灭了。因为这种“阴差阳错”，而今中国大学里多了一名不太优秀的心理学教授，而医院却可能少了一名出色的外科医生。身为大学教授的我，虽然内心偶尔也会流露出“得陇望蜀”的遗憾，但我知道，这是真正的“白日梦想”。“医生”，对我而言，只能成为一种永久的儿时记忆了。也许正是为了弥补这份心理缺憾，我将探寻的目光聚焦或定格于“名医”，便乃是情理中事了。

如果说，“东吴名家·艺术家系列”的编写与制作缘起于本人的文化理解和兼任艺术学院院长的“便利”以及与马中红、陈霖两位教授的“臭味相投”，那么，“东吴名家·名医系列”编写与制作能够成为现实，则是因为我和我的团队又幸运地遇上了一位“同道”，他就是侯建全先生！在一次偶然闲聊时，建全兄得知了我内心深处的愿望和设想，他不仅给予高度褒扬，而且主动要求加入并表示全力支持。这真是应验了两句老话：有心栽花花不开，无心插柳柳成荫；踏破铁鞋无觅处，得来全不费工夫。在日常交往中，建全兄给我留下的印象是干练、圆融、义气，而他对医院文化建设的深邃理解与执着精神，以及他能跳出自己的“本位”，全方位思考吴地医学文化传承与保护的视野和气度，又使我对他平添一份深深的敬意和尊重。尤其是此间我的工作岗位发生了变动，他依然一如既往地关心、支持此项工作的开展和推进，更是彰显出“同道”的意蕴与价值、友谊的诚挚和珍贵。

拥有了建全兄这样的“同道”，“收藏”行动进展得异常顺利。我们的笔墨和镜头此次定格与聚焦的几位名医也是大家耳熟能详的：董天华先生，苏州骨科医学的开创者和奠基人，江苏省医学终身成就奖获得者，学医、行医、传医七十余载，德术并举、泽被后学，仁者情怀、大家风范。阮长耿院士，被尊为中国的“血小板之父”，成功研制了以SZ（苏州）命名的系列单抗，应用于出血与血栓性疾病的基础与临床研究，始终坚持不懈地以学术引领中法交流，以科研点亮生命之光。杜子威先生，著名医学教育家、中国现代神经外科学奠基人之一，制定了首个中国人脑脊髓液蛋白电泳的标准值，培养出中国第一株人脑恶性胶质瘤体外细胞系SHG-44，建立了人脑胶质瘤基因文库，在中国脑外科研究和临床方面取得卓越成就。蒋文平先生在六十多年的行医生涯中，在我国心脏电生理领域里倾注汗水和心血，贡献智慧和才能，是一位不畏艰难险阻和不知疲倦的探索者、创新者、开拓者。唐天驷先生是我国著名的骨外科专家，两次获得国家科学技术进步二等奖；他主持的“脊柱后路经椎弓根内固定”研究，被誉为我国脊柱外科的一大“里程碑”，铸就了脊柱内固定的“金标准”；虽到望九之年，他仍然工作在第一线，用高超的医术，帮助无数病人“站稳了身板”“挺直了腰杆”。陈易人先生，是苏州乃至江苏全省的知名外科专家，曾经是省内医学界外科医学的领头羊之一；半个多世纪以来，他无私奉献，不计名利，坚持奋战在手术台旁，为千万个患者解除病痛；他还通过努力，和同事们一起把苏州大学附属第一医院的外科诊疗提升到省内一流水平。华润龄先生从医半个多世纪，学养深厚，内外兼修；他上承吴门医派著名老中医奚凤霖和陈松龄两位先生医脉，秉循吴地优秀传统文化的传袭，理法方药，思路清晰，用药轻简，救人无数，在中医业界和患者当中树立了良好的口碑，是当代吴门医派的杰出传承人和代表医家之一。李英杰先生，国家级非物质文化遗产

项目指定传承人，潜心于六神丸技艺，一颗匠心守护绝密国药，将手工微丸技术代代相承，被誉为当代“中医药八大家”之一

…………

“收藏”行动将继续进行。随着“同行者”的不断加盟，“东吴名家”（百人系列）将在不远的将来“梦想成真”！为了这一美好梦想，为了我们的历史担当，也为了给后人多留点念想、少留点遗憾，让我们携起手来……

序

自古姑苏繁华地，不仅仅体现在经济与文化的长足发展，而且在中医领域也形成了著名的吴门医派。吴门医派作为传统中医体系，形成了一大批著名医家，且世代相传，比如绵延约八百年的郑氏妇科。吴门医派中名医多御医，由于医术高明，声名远播，仅明代姑苏籍御医就有七十多位。吴门医派为苏州人的繁衍生息和健康生存做出了卓越的贡献，也为传统中医文化的传承和发展贡献了苏州智慧。"东吴名家·名医系列"选择了华润龄先生和李英杰先生作为当代苏州吴门医派与中医制药工艺的代表人物，可谓实至名归。

历史上的东吴医派在当代通过名医传播、名药制作、名馆开设以及中医文化的现代化建设而得到发扬光大。与东吴医派并驾齐驱的是苏州日益崛起的现代医学和医疗。苏州大学附属第一医院，是国内具有影响力的知名三甲医院，多年来，在中国最佳医院排行榜中名列前50强，在中国地级城市医院100强排行榜中雄踞榜首。百年老字号医院，已然浓缩为医学领域的一笔宝贵财富，其重要原因之一，是它拥有一支实力雄厚的名医队伍。一所医院在民众中的口碑和信誉，很大程度上是凭借这些名医来创造的。在长期对医院的管理中，我始终不渝地坚持这一条，培养名医、建设名医队伍不动摇，这是医院建设和发展的硬道理。

名医不是天上掉下来的，名医荟萃的局面也不是朝夕之间就能形成的，其中，医生队伍建设至关重要。作为一所三甲医院，医生队伍是呈宝塔型结构的。名医是宝塔尖上的独领风骚者，他们也是从医生、从良医中脱颖而出的。对于医生队伍建设来说，我们的兴奋点和关注点，一是人才，二还是人才，三依然是人才。具体来说，一手抓名医队伍的建设，他们是医院的标杆、品牌，让他们带领团队，培养学生，充分发挥引领作用，提高医生队伍的整体水平。另一手抓青年医生的培养，这也离不开名医，以名医为师，从中发现人才。一旦发现可塑之才，就严格要求，压担子，创造各种条件，使他们成为名医。尊重名医，爱护名医，宣传名医，始终是医院工作的重中之重。作为医院的文化建设，整理和发扬名医的品德与精神，在当前显得非常迫切，这也是具体落实党中央的"把跨越时空、超越国界、富有永恒魅力、具有当代价值的文化精神弘扬起来"的指示。董天华、阮长耿、唐天驷、蒋文平、杜子威、陈易人六位名医的访谈正是在这样的背景下诞生的，是苏大附一院医院文化建设的又一重大成果。

一代代名医是医院文化的积淀，是苏州古今中外医学思想和精神的承继与传扬！"东吴名家·名医系列"所选八位名医虽然分属不同专业学科，但是他们有这样一些共性：

第一，医者仁心，他们都有崇高的医德。百年传承，使苏州有了"吴门医派"的金字招牌，也使苏大附一院积淀了"博习创新，厚德厚生"的文化底蕴。"厚德厚生"使医院百年来形成了"为患者、爱患者"的绿色医疗生态环境。这些名医用毕生的实践，诠释和丰富了"厚德厚生"的内涵。以德为上，为民服务，才不愧为真正的名医。董天华教授一直信奉"医德医术是一个医生的生命"，创造性地研究出将"美多巴"应用于治疗早期非创伤性股骨头坏死的新思路。几十年来，董教授淡泊名利、廉洁行医，收到病人的锦旗和表扬信不计其数，从未收受过病人的红包。他经常教诲年轻医生，要做好一名医生，首先要做一个品行端正的人，对待患者要有一颗仁慈的心，在诊治病人的时候，要时刻设身处地为病人的病情着想。慕名而来的患者除了仰慕他妙手回春的精湛医术，感恩他朴实善良的医者仁心外，更敬重他高尚的医德。华润龄先生秉持中医传统正道，妙手仁心，待患以诚，致力于中医领域的开掘，其学养、医术和医德得到业内同行和众多患者的嘉许，是一位有口皆碑的吴门儒医。

第二，大医精诚，他们以精湛的医术名扬天下，受到无数患者的爱戴。桃李不言，下自成蹊。名医活在广大民众的口碑中。他们敬业，痴迷于自己的理想，在长期行医过程中，不断总结，不断前进，最终登上自己事业的顶峰。陈易人教授，是我们外科的著名专家，一生兢兢业业，克己奉公，不计个人名利，用手术刀为千万个患者解除病痛，也把苏大附一院的外科诊疗提升到了省内一流水平。蒋文平教授，植入了中国第一例与第二例自动心脏起搏复律除颤器，从直流电消融到射频消融治疗心动过速，蒋主任参与了中国在该领域的起步性研究，接二连三地开创"中国首例"，在治疗心律失常方面立下了赫赫战功。脊柱外科医生是高技术、高风险的职业，稍有失误，病人就可能终身残疾。唐天驷教授作为一名医生，最大的快乐就是为病人解除痛苦，精湛的技艺是他毕生的追求，他一直坚持重视每一个手术细节，创下了数千例脊柱手术无瘫痪、无严重并发症的纪录。20世纪80年代，他主持的“脊柱后路经椎弓根内固定的基础和临床研究”被誉为我国脊柱外科的一大里程碑，铸就了脊柱内固定的“金标准”。

第三，敢于创新，与时俱进。这些名医不墨守成规，故步自封。他们是各自领域的弄潮儿、追梦人和风云人物。医学事业日新月异，每天有无数创新的成果面世。阮长耿院士建立了我国第一个血栓与止血研究室。他成功研制了以SZ（苏州）命名的第一组抗人血小板单克隆抗体，填补了国内空白，达到国际先进水平。随后相继研制成功抗人血小板、vW因子等苏州（SZ）系列单抗180多株，并应用于出血和血栓性疾病的基础与临床研究，其中5株SZ单抗被确认为国际血小板研究的标准试剂……阮长耿，亦被学界公认为我国血栓与止血研究领域杰出的开拓者之一。杜子威教授，1974年创建了苏州医学院（现苏州大学医学部）脑神经研究室，开展了脑神经疾病的基础研究，成功研制出国产醋酸纤维薄膜，首次制定了中国人脑脊液蛋白电泳的标准值，建立了中国第一株人脑胶质瘤体外细胞系SHG-44及其裸小鼠移植模型NHG-1、中国第一株抗胶质瘤杂交瘤单克隆抗体SZ39，在国内首先成功建立了人脑胶质瘤基因文库。传统中药制药名师、国家级“非遗”传承人李英杰先生经年潜心研习，以敬畏和专注传递中医药文化之魂，在不断创新中将传统制丸技艺发展至炉火纯青的地步。

长江后浪推前浪。医学事业的发展，需要各方面人才。本次推出的名医访谈系列丛书，目的是为了传承。我们的愿望是把名医的风采、经验作为财富，贡献给大家，可以一代又一代地传承下去。他们是“博习创新，厚德厚生”的杰出代表，我们也希望在他们的感召下有更多的名医涌现。人才辈出，才能使我们在当今的世界竞争中立于不败之地。

名医已经沉淀为苏州医学、医疗、医药发展的一种精神动力，历经传承与创新，浓缩为一种与时俱进的时代品格。八位名医访谈是“东吴名家·名医系列”的首批实录，历时三年，挖掘整理了老一辈名医的故事，以照片、文字和视频的形式完整真实地展现出来，以期丰富和拓展我们的名医文化建设，从而使我们的文化建设事业迈上一个新台阶。

苏州大学附属第一医院院长　侯建全

董天华

苏州骨科医学奠基人。1926年8月生于苏州，1949年毕业于原国立上海医学院（后改为上海医科大学即现上海复旦大学附属上海医学院），进入原苏州博习医院工作，任外科医师。创建骨科病区、创伤骨科研究室。历任苏州大学附属第一医院外科副主任、主任、医院院长，兼任苏州医学院医学系主任、临床医学系教学督导、中华骨科学会常委、江苏省骨科学会副主任委员、苏州市医学会常委等。1992年起享受国务院政府特殊津贴。科研重点方向是创伤骨科和髋关节外科，尤其是创伤骨科的治疗与康复，股骨颈骨折和骨折后股骨头坏死以及非创伤性股骨头坏死的发病机制、早期诊断、预测和治疗等研究在国内处于较高水平。

主编(译)《骨折与脱位处理图解》(1960年)、《髋关节外科》(1992年)、《骨坏死——病因、诊断和治疗》(1999年)、《外科学简史》(2001年)、《髋关节外科学》(2005年)等5部专著。担任《中华骨科杂志》《中华创伤杂志》《骨与关节损伤》《江苏医药》《苏州大学学报(医学版)》《中国上肢外科杂志》《美中国际创伤杂志》的编委、审稿人或顾问。在2000年退休前，共培养医学硕士12名、博士18名，先后发表(包括指导研究生)论文132篇，获省部级科研成果奖16项。退休后继续参加骨科学术活动和专家门诊，并继续指导“股骨头坏死”的研究及诊疗工作。

1999年被苏州市政府授予首届“苏州名医”光荣称号，2012年荣获江苏省医学会骨科学分会杰出贡献奖，2013年被授予江苏省医师“终身荣誉奖”，2016年荣获江苏省医学会颁发的“终身医学成就奖”，2018年被授予中华医学会骨科学分会“杰出贡献奖”。

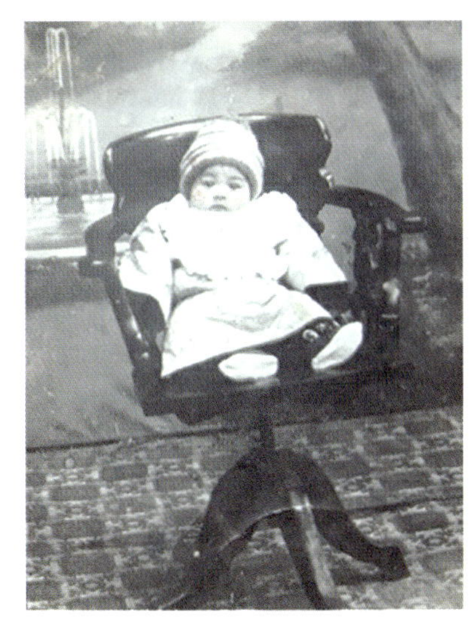

董天华1岁照（摄于1927年）

董天华（左一）4岁照（摄于1930年）

董天华24岁照（摄于1951年）

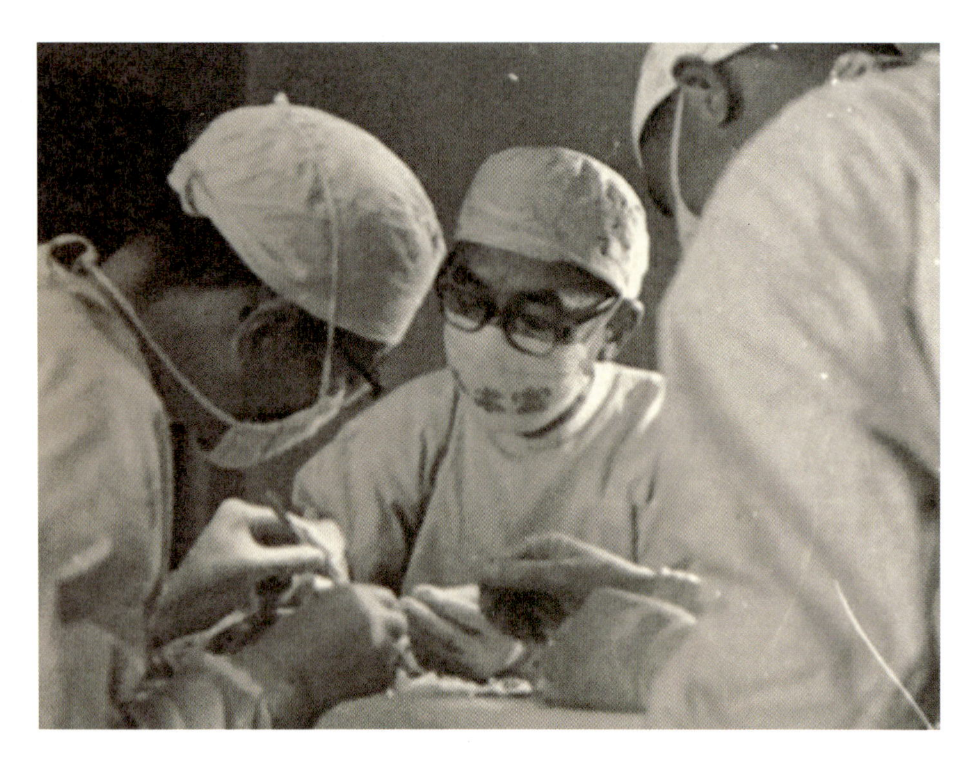

董天华（中）在手术中（摄于20世纪80年代）

董天华（右）在法国进修期间与巴黎卫生局计划局局长座谈（摄于1982年）

董天华在法国进修期间于巴黎圣母院前留影（摄于1982年）

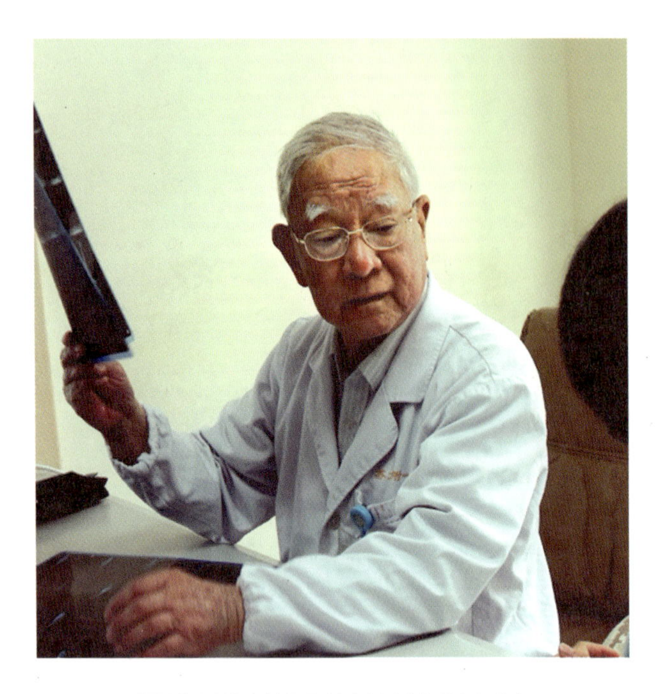

董天华90岁高龄仍坚持坐诊（摄于2015年）

董天华90岁高龄仍坚持参加附一院骨科读片会（摄于2015年）

目 录

特稿

专访

他人看他

附录

特稿

大医精诚

在接受采访董老的任务时，我曾有个顾虑，就是他92岁的高龄。这个年纪在我以前的想象中，一定是会有诸多交流障碍的，比如他能否听懂我说什么；我能否听懂他说什么；或者他有没有精力、体力跟我长时间说话；等等。

但是，当我拨通了董老的手机号码，听到"喂"的一声后，我所有的担心就全放下了——那声音响亮浑厚，透着坚实的底气，根本不像一位耄耋老人的声音。

跟董老的第一次见面，更是让我感到惊奇。房门打开后，站在我面前的董老精神矍铄，腰杆挺得笔直，完全没有老年人常有的弓腰驼背的迹象；红光满面的脸上，长长的眉毛虽然全部染白，但是眼神中充满和善与坚毅。

"我还在琢磨这个病"

第一次见面，我本来只是准备先跟董老认识一下，并没有准备进行正式的采访；跟我一同去的摄录小组的两位同学，也没有准备进行拍摄。但是当我们刚在沙发上落座，还没把此次来访的目的说完，董老就直接开始跟我讲了起来，他说："我正在研究的一个课题，是关于股骨头坏死的，这个课题从2002年开始，到现在有15年了吧。我一直在追踪股骨头坏死的原因，怎么治它。造成股骨头坏死的原因有很多，其中激素的使用是造成股骨头坏死的一个重要原因……"

我虽然不懂医学，但是董老这几句通俗易懂的开场白立即吸引了我。因为有家人是医生的缘故，我多少听说过一些关于用激素治疗某些疾病的事例，然而使用激素能造成股骨头坏死，我还是第一次听说。这让我立刻来了兴趣，我拿出了录音笔和采访本，同时示意一起来的学生架起脚架和机器。我对董老说，您慢点儿讲，我们要记下来。

然后，董老说：

“最近几年激素可以治疗很多病，过去不能治的病现在都能治了，可是这种药最大的副作用就是股骨头坏死，过去有百分之八十的病人得了这个病就不行了，不能走路，要换关节，而且年纪都很轻，平均年龄在40岁，关节年龄越轻，就会导致做了以后还要做第二次。所以我就想办法让坏死的部分自己好。坏死有一个自然的修复功能，但是修复的速度太慢了又跟不上坏死的程度，所以百分之八十的病人都没办法治愈……”

这一番话彻底让我听进去了，原来我印象中的医学知识，其术语那么专业，病理那么复杂，表达那么神秘，但是经董老这么一说，才知道医学知识原来是可以让我这个门外汉听得懂的。于是我赶紧追问：那怎么办啊？您发现什么办法了吗？

董老继续说：

“我在国外的一本杂志上看到一篇文章，这篇文章写道：骨折以后有一部分病人长得慢，我们叫延迟愈合，就是延长了骨折愈合时间；还有一部分病人不愈合，它长不起来，没有生长能力，就用一种药，这种药相当于生长因子，能促使残余的细胞生长起来，是治疗骨折长不好，我们叫骨不连的疾病。那么我也希望骨头长得快一点，因为骨头坏死以后还有修复能力的，但是它跟不上坏死的速度，所以我就用这个药来治疗股骨头坏死，取得了很好的疗效。2010年，我在《中华骨科杂志》上发表了这个研究成果，然后全国各地来这里的病人逐渐增多，包括新疆、北京、天津等地方来的，到现在为止有800多个病人了，去年我们又进行了总结，很快会在《中华医学杂志》（国内最权威的杂志）发表。这个是我退休以后最主要的成果。”

我接着问：什么药这么神奇？

董老接着说：“这个药叫美多巴，是治疗帕金森病的，帕金森也是由缺乏生长因子导致的，国外用它来治疗骨不连，我受这个启发，用它治疗骨坏死，把它们连起来，结果很满意，百分之九十的人不用手术，本来百分之八十要手术的……”

我又接着问，那您这个新发现，经过临床验证过了吗？

他说：“我们一直在验证。从2002年到现在，我们一直追踪病人的治疗情况，我退休后一直坚持坐专科门诊，直到2015年，我的右眼视力不太好了，我才停止去医院坐诊，由我的学生带的研究生继续坐诊随访病人。所以，我现在唯一的工作，就是持续观察每星期三他在门诊看的病人的结果怎么样，老的病人3个月复查一次，新的病人的病因是什么，都让学生传到我电脑上来，我一直在琢磨这个病。”

令我没有想到的是，跟董老的第一次见面，竟是这样没有任何障碍地交流着。跟他交谈，你可以不必在意什么礼节，也不必在意自己懂不懂医学专业知识，因为坐在对面的董老，似乎还沉浸在自己的研究中。这些研究中的发现，让他兴趣盎然，也让他精神振奋，这或许就是一种科学研究的境界吧？而这种境界刷新了我过往对于一个医生的印象——如果是个普通的医生，退休就意味着颐养天年、开始享受生活，他可能会选择含饴弄孙、休闲养生，或者周游天下、寄情山水。但是董老没有，他放不下那些痛苦的病人，他想弄清楚为什么有这么多的人会在没有外伤的情况下患上股骨头坏死病。他想找到一种治疗方法，让这些病人不用手术就能被治好，他要不断地寻找和发现，也要不断地追踪和验证。

从这个意义上说，董老是一位科学家一样的医生，或者是一位医生中的科学家。因此，他不会停下关注病人、潜心研究的脚步——尽管这脚步他已经走了70多年。

三位重要的引路人

董天华1926年出生于苏州，1949年从国立上海医学院毕业，进入苏州博习医院（现苏州大学附属第一医院的前身）。用董老的话说，到今天，他学医、行医、传医已经70多年了。而在他成长为一名骨科医生的过程中，有三位引路人对他最为重要。

第一位引路人是他的伯父董承琅。文献资料显示，董承琅（1899—1992）是“中国医学家、心脏病学专家、中国心脏病学奠基人、心电图学的奠基者、我国心血管病的一代宗师”[①]，也是中国第一代领导人的保健医师。至今，上海第六人民医院还屹立着董承琅的铜像。董天华说，伯父董承琅自幼聪明过人，由于那个年代学校里成绩好可以跳级，伯父18岁就从沪江大学毕业，在一个大资本

① 陈灏珠：《深切怀念我国心血管内科一代宗师董承琅教授》，《中华医学信息导报》2013年第17期。

家家里当家庭教师，辅导大资本家的儿子，把这个学生辅导到高中毕业，大资本家准备让董承琅和他的儿子一起去美国留学，费用全都是资本家出。后来这个资本家的儿子不争气，不想去美国读书。资本家就对董承琅说，你到美国去学习吧，所有费用他包了。就这样，董承琅很幸运地去美国学了四年的医学，毕业后到了北京的最高医学学府——协和医院当教授。抗战爆发后，北京沦陷，协和医院被日本人占领，董承琅就来到上海，在上海医学院当特聘教授，同时又开设了上海第一家私人门诊。在这期间，董天华与伯父有不少接触，耳濡目染中，受到了伯父多方面的影响。

首先，伯父的医生形象直接影响了董天华考大学时对专业的选择。那时候，看到伯父做医生，不仅能为病人解除痛苦，还非常受人尊敬，在社会上有良好的形象和较高的社会地位，这是董天华选择学医的一个重要因素。

其次，伯父的医学研究给了董天华很大的启示。有一天，伯父把一本书拿出来给董天华看，它是1934年国外出版的《内科学》，有人在书里引用了董承琅的研究成果。在那个年代，一个中国人的研究能在外国的经典教科书中被引用，是非常罕见的事，这给董天华留下了深刻的印象。伯父借此告诉董天华，要有计划地积累日常工作中的诊治资料，定期总结，写成文章，可以供他人参考。

再次，在董天华大学期间，伯父给他上过心脏学的课程。课余时间，董天华也常去伯父家，伯父经常教导董天华，在临床工作中要小心谨慎，仔细观察病人。董天华看到，每次伯父出诊回来，都会把药箱拿出来，再重新清点一遍，比如说强心针，记录上面是五个，一看还剩四个，是打了，这个东西对了。就是说打的时候“三查七对”，应该打这个针的，回到家里，再点一遍确定没错，到这样的地步。这种做医生的认真劲儿，也成为董天华一生的榜样。年轻的董天华由此在心里确立了对从医的敬畏感和神圣感，这种敬畏感和神圣感也成为当时他在（国立）上海医学院上大学时刻苦学习的动力和信念。

第二位引路人是陈明斋。董天华来到苏州博习医院工作后，当时带他的上级医生陈明斋是著名的普外科专家。陈明斋1939年毕业于协和医学院，获医学博士学位。1949年出国进修，1950年回到博习医院后担任外科主任。在国外进修时，陈明斋搜集了很多资料和文章，拿给董天华阅读，过两个月收回去，然后再换一批文章过来。在这些资料的基础上，董天华扩宽了阅读面，写出了多篇文献综述。陈明斋的这个行为，是在有目的地培养董天华掌握广泛的外科新知识。那时候在国内很难看到国外杂志，国内也只有《外科学报》《中华医学》等，医学资料比较匮乏，而陈明斋从国外带回来的资料，让董天华能定期地不断充实自己的知识。陈明斋后来担任医院的副院长，这也让董天华成为院里事实上的重点培养对象。

第三位引路人是方先之。方先之被誉为“中国骨科先驱”“骨圣”[①]，他原是北京协和医院的骨科医生，日军侵华时，北京沦陷，方先之和其同仁来到天津，创办了天和医院（意即天津协和医院，私人性质），后又在当地士绅赞助下创办了天津骨科医院。1952年，方先之任天津人民医院骨科主任及天津医学院教授。1953年，在方先之的积极建议和倡导下，卫生部在天津医学院开办了全国骨科医师进修班，教学基地设在天津人民医院。这个骨科进修班总共开办了15期，每期40人。这些学员如今分布在全国各地医院，成为我国骨科医学领域的权威专家。因此，这个骨科进修班后来又被誉为“中国骨科的黄埔军校”，而董天华参加的是第二期进修班。

1954年，董天华来到天津，开始了为期一年的骨科进修班的学习生活。这期间，方先之教授以其丰富的教学方式，对来自全国的年轻骨科医生进行了专业的培训和指导。据董天华回忆，每周有一个总查房，所有的医生聚在一起，方先之会结合典型病人，讲解怎么诊断怎么治疗，每个月还有一次临床病例讨论会，选取一个特殊的病例，讨论其病理切片、影像资料、临床资料等，大家发表意见。每周三下午，方先之会亲自过问各位医生每天诊断的病人中比较疑难的病例或者典型的病例，并讲解治疗方案。董天华在这里学到了一整套系统而专业的骨科诊疗技术和规范，包括怎样接触病人、怎样询问病史、怎样检查、怎样看影像资料，以及最后怎样得出结论、怎样治疗，等等。有时候，方先之还把他治疗过的典型病人请过来，告诉学员们他本来是什么病，是如何治疗的，现在怎么样了。这些学习过程给董天华留下了非常深刻的印象，同时也让董天华觉得这一年的学习收获非常大，非常有帮助。

有了这一年的学习，董天华回到苏州后，就于1956年创办了骨科病区，初步建立了骨科病房和专科门诊。这意味着苏州骨科医学的正式创立和起步。

在我们的访问过程中，董老谈起这几位引路人时，眼神中还流露出某种浓

① 马樱健：《“骨圣”方先之 创办中国骨科“黄埔军校”》，《城市快报》，2010年3月8日。

浓的怀念之情。我在想，董老跟我们讲述的时候，脑海中一定浮现着某些场景，这场景或许是伯父家的书房或客厅里那些老旧的家具、特殊纸张印刷的外国刊物，或许是装满了各种针管、药剂和纱布的药箱，还有伯父说话时的表情和语气；也或许是在陈明斋教授简陋的办公室里，自己捧着一摞外文期刊，向陈明斋汇报阅读所得；也或许是方先之教授在某张病床前，周围围着一群穿着白大褂的进修医生，而自己正站在其中……这些场景在董天华脑海中浮现，我们作为外人，却只能想象那些场景，这或许就是为什么说一个人的经历是一个人的重要财富的原因吧。

外语打开看世界的门

在我们的采访过程中，许多人经常提起的一个话题是，董老的“外语好”。在今天的中国，外语好，可能已经不再是什么新鲜事，然而上溯七八十年，就知道，在西医进入中国的进程中，外语在其中扮演的角色是多么重要。

据董老自己讲，他英语学得好，首先得益于祖父和父亲的影响。董天华的祖父董景安是清末时期一位学贯中西的才子，精通英法两国语言，曾在英国爱丁堡大学用英语演讲，并获得该校名誉教授称号，这在当时的中国实为罕见。父亲董承瑛毕业于当时上海的沪江大学英语系，后来在一家外企工作，专门负责企业跟国外的联系沟通业务。在董天华的学习过程中，父亲经常耳提面命，指出某个单词或句子不应像教科书上那样死板，而应该有灵活的应用。平日生活里，父亲也偶尔会跟董天华用英语交流，这为董天华的英语学习营造了良好的家庭氛围。

读高中时，董天华的英语老师是一位美国人，上课都是用英语，这给董天华的英语听力打下了较好的基础。在读大学期间，医学院的老师们上课都是用英语，不说中文；后来在中山医院实习期间，医生之间也都是讲英语，所有医疗文件、病例讨论和查房对话等都是用英文撰写；大学毕业后到苏州博习医院工作时，当时的院长也是一位美国人，名叫Thorougman[①]，解放以后他不再当院长，退

---

① J.C.Thoroughman，美国人，中文名赵乐门，1936年3月任博习医院院长，1940年5月回美休假，1946年6月回到苏州，复任院长。1949年1月退任外科主任，1950年6月作为博习医院最后一任美籍院长离院回国。——摘自苏州大学附属第一医院官网。

任外科主任。董天华和他一起工作了一年，医院里做的各种病历记录也全都是英文的，所以，那时候如果讨论医疗业务问题，用英语反而比用中文方便，改成中文反而不知道那些医学名词应该怎么讲了。后来到了1951年末，人民政府接收了博习医院，才把医院的各种记录改成中文的。

因为英语好，苏州博习医院的图书馆，就成了年轻的董天华最喜欢去的地方。那个图书馆里有丰富的国外医学杂志，从20世纪20年代到40年代的都有，仅骨科的杂志就有大骨科、关节骨科、膝关节、髋关节等。而说起这些书的来历，还有一个重要的历史背景：第二次世界大战以后，联合国成立了一个国际组织——"国际善后救济总署"（UNRRA），这个组织为受战争影响的地区和国家提供了大量的物资，包括汽车、日常用品、食品等，同时还有很多药品、麻醉剂和器件、图书等，其中图书大多是1945年以后的各类英文医学书刊。这些书刊加上博习医院图书馆原有的杂志，成了董天华自己说的"最主要的营养摄入的途径"，它们为董天华打开了一片认识外部世界的天空。董天华如获至宝，下班后的业余时间大部分用来泡图书馆，每天晚上12点前不会睡觉；星期天也不出去玩，因为那是他最好的学习时间。

除了看书外，董天华还研究那些医疗物资上的英文说明，尝试将它们用到医疗过程中：仓库里有一批麻醉药，手术室里没有人会用，董天华阅读药品上的英文使用说明，同时又在图书馆里找了一些关于麻醉的书，尝试着在医院里使用起新的麻醉方法。在董天华看来，这些新的麻醉技术比起以前的老办法，有很多优点：不会给病人带来痛苦，没有不良反应，对呼吸道也没有什么刺激，很容易控制，手术时间短，拿掉后两三分钟就醒过来了。经过多次的成功使用后，董天华总结了这个新的麻醉法，写出了他学术生涯的第一篇医学论文《硫苯妥钠的静脉内麻醉法》，刊登在《外科学报》上。

时隔65年之后，董老又翻出了这篇文章给我们看，他感慨地说："我这个骨科大夫，工作后发表的第一篇文章竟然是有关麻醉方面的，想想也蛮特别的。不过麻醉也是个基础，外科手术离不开麻醉。"

英语好的董天华，在1954年被派去参加天津骨科进修班时，也带着两本厚厚的英文骨科教科书，一本是关于创伤类的，一本是关于骨病类的。进修班学习的一年中，董天华看完了这两本厚厚的英文教科书。有这两本教科书装在脑子里，看病时遇到什么情况，他会与书上讲的内容进行对照，这样很快就掌握了各种病情的治疗情况。那期进修班的学员中很少有懂英语的，这让董天华的骨科知识提高得比其他同学都快一些。

进修回来的董天华一年后创办了医院的骨科病区和门诊，遇到很多新的医疗难题，鉴于当时国内十分缺乏可以指导日常工作的中文骨科书籍，董天华与同事徐庆丰医师一起，花了一年时间，一起翻译并于1960年出版了一本中文版的《骨折与脱位处理图解》。这本教科书把全身二百七十几处骨折的治疗方法进行了图解，第一步怎么做、第二步怎么做，画得清清楚楚，再配以文字说明。由于当时国内几乎没有中文的骨科参考书，加上这本书的图解形式直观易懂，所以此书在国内受到了广泛的好评。有一位上海的骨科医生曾告诉董天华，在20世纪六七十年代，上海几乎所有医院的手术室内都有董天华翻译的这本书。骨科医师在急诊室看了病人后，在X光片还未出来前，就立刻来手术室翻阅该书，几分钟内即可了解这类骨折的处理方法，对日常工作非常有帮助。因此，这本书出版以后，董天华的名声很快就在国内广泛传开，各地邀请董天华讲学的医院逐渐增多。一些看着董天华这本书学着做手术的外地医生，见了面也自称是董天华的学生。

为了能够更好地了解世界医学发展的新动向，从1974年起，董天华自己花钱订阅了美国版和英国版的*Journal of Bone and Joint Surgery*两套骨科专业杂志的影印本，一直到2001年年底，总共订阅了28年。至今，董老书房的书架上还整整齐齐地摆放着这两本刊物总共86套的合订本。董老介绍说，2002年以后，由于我国已不能再影印外国原版杂志，他才不得不停止订阅。通过这些英文版的杂志，董天华不仅可以随时了解国外骨科的最新动态、许多少见病的诊断和处理，还能及时了解各种疾病的诊断和新的治疗方法。临床上，每当遇到某些疾病，董天华都可以从杂志上找到必需的知识，在治疗方法上也可以立即找到参考文献。

80年代，在上海的一次国际骨科学术会议上，上海卫生局副局长施杞教授代表上海市卫生行政主管部门会见一批参会的外国专家学者，在专业翻译上遇到了困难，当时，在一旁的上海瑞金医院骨科马元璋教授连忙对施杞说，我给你介绍一位苏州骨科元老董天华老师，他精通外语。于是董天华随即赶来"增援解围"。董天华用"信、达、雅"的翻译，让宾主双方圆满完成了一次有益的学术交流。事后，施杞对董天华说："我也是您的学生。"对此，董天华一下子没有反应过来，有些不解，心想，你又不是苏州医学院毕业的，怎么会是我的学生呢？施杞会意一笑，继续说道，因为我当初是读着您的《骨折与脱位处理图解》走上工作岗位的……而施杞教授的一位研究生，现任苏州中医医院骨伤科主任、博士生导师的姜宏也说，自己在刚参加工作时，也时常翻阅这本书，将其视作自己的"启蒙老师"和专业工具书。在做住院医生的那段时间，他还随身携带这本书，遇到病人，常常会打开它对号入座，仔细研究一番，再按图索骥进行诊治。[①]

英语好的董天华，没想到在1982年他56岁时，又遇到了学习另一门外语的机会。当时，他被医学院委派去法国学习一年医院管理。从来没有学过法语的他，不得不临时突击学习。医学院专门配了一位法语老师，拿着一本法语教程，每周给董老上两次课，但这些临时抱佛脚的法语学习，只是学到了些书本上的语法和发音，真的到了法国，却发现根本没办法交流。法国计划局局长为董天华找了会讲英语的图书馆女馆员，陪着他到各个医院走访，了解情况。整个巴黎市有38所公立医院，公立医院有大有小，也有专科的，各种不同的医院各有特色，董天华几乎全走访参观了一遍。

因为想要了解得更深入一些，董天华觉得还是要把法语学好，他下功夫学了3个月法语，不断地尝试着与各医院院长交流，学习管理医院的经验，同时又与骨科医生面谈，了解骨科的进展，就这样硬着头皮学法语、用法语，半年以后，董天华已经能很顺利地和法国人交流了。董天华认为这里有一个语言环境的问题，一开始的两个月，他每天到办公室，法国人讲话他听不懂，过了一两个月后竟然都听懂了。等到后来他在法国学习快结束的时候，中华医学会有个代表团到法国去访问，中国大使馆就找董天华给他们当起了翻译，到各个医院去了解情况、做报告。

学会了法语，董天华后半程的法国进修如鱼得水，不仅能够方便地与法国人交流，也可以很方便地与法国同行交流自己在国内做的手术。巴黎一位有名的骨科主任Vilan，当时担任法国外科协会会长，他得知董天华在国内曾经成功做过断手再造手术，就邀请董天华在法国的外科学术年会上宣读自己的论文。因为掌握了法语，所以董天华是用法语宣读这篇论文的。这篇论文受到法国同行的重视，法国顶尖的外科杂志*Chirurgie*（《外科》）还刊登了董天华的这篇法语题名为"Reconstruction de la Main"（《手再造》）的论文，但是因为没有刊登董天华提供的手术照片，所以董天华至今仍略感遗憾。

---

① 此段故事引自苏州大学附属第一医院编写的董天华90华诞纪念册《仁心仁术杏林暖　一壶清气满乾坤》。

改革开放后，医院与外界的交流越来越多，外语的重要性也越来越受到医院的重视。1989年，烧伤整形外科主任唐忠义教授考虑到国际交流的需要，率先在全院实行英语晨间交班制度，但是当时科室人员的英语水平参差不齐，他知道董天华的英语很好，就邀请董天华来他们科室进行指导。从那时起，董天华每周两次参加烧伤整形外科的英语晨间交班和查房。开始的时候，一些医护人员口语不行，董天华就让大家把要说的内容写在纸上用英语念出来，然后慢慢地过渡到直接用英语对话。

时隔二十多年，唐忠义还清楚地记得当年董天华辅导他们英语的情景："他非常认真，我们英语交班的时候，有些单词念错了，应该用倒装句什么的，他都听得出来，给我们纠正。"让唐忠义印象深刻的是，董天华非常温和，大家说错了或者不会说时，他也从不生气，而且从来不说大家不好，只是不断地鼓励大家。

这样的晨间交班坚持了两年多，每周董天华只要在骨科没有查房，就到烧伤整形科来查房，这完全是占用自己额外的时间，没有任何报酬。唐忠义觉得不好意思，过年时给董天华送些小礼品什么的，董天华也坚决不收，后来唐忠义就不再送了。因为他明白了，董天华觉得他这样做能使大家的英文水平得到提高，自己也非常开心。

唐忠义回忆说，这样的英语交班查房制度开展了一年多以后，英语学习在烧伤整形科蔚然成风。"我们的英语水平提高得很快，后来外国人到我们这里来都很吃惊，说你们苏州医院的护士都会讲英文啊。"唐忠义说这话时，脸上露出骄傲的神情。

有了在烧伤整形科开展英语晨间交班查房制度的经验，董天华后来在骨科也开始推行这项制度。据现任苏大附一院骨科副主任姜为民介绍，董老对英语学习非常重视，每周四的早晨，骨科病房都要用半个小时的时间，指定一位医生用英语准备一些相关的病例，同时全科的年轻医生准备一刻钟的英语读书报告会，形成了lecture这样一个形式，这个lecture每次都由董老亲自主持。后来考虑到早晨时间很紧，就改在每周四的下午，时间宽裕一点，手术完了的医生就可以来参加，从3点开始用一至一个半小时的时间，这样就可以深入地来讨论，而主持人也都是董天华。

姜为民介绍说，2000年的时候，董老已经退休，被返聘回来继续上班，因为lecture时间改到下午后，我们考虑到他年龄那么大，从家里到这儿也不方便，就派大家轮流去接他一下，但是董老说他自己有固定的一个三轮车工人，不需要另外麻烦科室了。董老对年轻医生的英语学习非常关心，可以说是言传身教，而且他这样做是没有任何报酬的，完全是出于一种责任心，出于对年轻医生的爱护与培养。

2015年，苏州大学附属第一医院坐落在平江新城的总医院建成并投入使用，骨科病房也搬到了各方面条件都更好的总医院，而位于十梓街的院区还留有骨科门诊，这让骨科一分为二，再加上两院之间距离较远，交通不便，在骨科坚持了二十多年的英语晨间报告和每周一次的英语学术报告，不得不暂时中止，这让董老无比忧心。姜为民记得，2016年春节期间，骨科几个科主任和护士长到董老家拜年，临走时董老叫住他，特意问起那个英语活动还在不在进行，姜为民当时听了非常感动，心想董老已经90岁高龄了，还在关心这个，他当即表态：董老您放心，我们肯定会把这个活动继续进行下去的。董老立刻说："唉，如果说我走得动的话，真想过来参加你们的活动。"姜为民听后不禁感慨，董老对英语的重视，远超过他们，这让他们感到非常惭愧。同时又觉得，董老是一个真正的知识分子，一个非常热心的、非常有责任心的前辈，是他们的榜样和标杆。

仁心仁术

第一次去董老家采访时，因为不熟悉路，花了十几分钟还没有找到董老的家。我们就抱着试试看的心理，在小巷里迎上一位路过的中年女性，问她是否知道董天华医生的家在哪。那位阿姨打量了一下我们，特别是看了看学生手里拎着的摄像设备，说道："董天华？是附一院的董医生吧？我知道的。"然后给我们指了方向，详细告诉我们走多远然后右转进去云云。这让我和同行的学生感到有点惊讶，没想到董老在周边市民中还是很有知名度的。

但是，当我拿这件事向董老求证的时候，董老说他也不认识这个人，因为他看过的病人太多了，是不是在这附近住的，也没有问过……

的确，正如董老所说，他救治过的病人数不胜数。六十多年来，从襁褓中的婴儿到耄耋老人，凡是得到过董老救治的病人，应该都铭记着他妙手回春的精湛医术，感恩于他朴实善良的医者仁心。

董老的许多学生都记得他说过的一句话："医术医德是一个医生的生命。"

董天华认为，具有广博的医学知识，是一个医生的立身之本。作为一个骨科医生，医学知识的范围不能仅局限于骨科。他说："病人的临床诊断并不是你想象的那样简单。有些病人所患的病，并非属于骨科范围。你必须具有其他科的知识，以免耽误病人所患的其他科疾病的诊治。"因此，在门诊工作时，除了必须了解内外科常见疾病的鉴别之外，还必须具有诸如血管外科、神经内外科、内分泌科、口腔科、风湿科、精神医学科等疾病的基本知识和鉴别诊断要点，这样才不至于误诊和漏诊。

董天华至今还记得，有一位老人，曾因双手和双足末端麻木而被其他医院诊断为脊髓型颈椎病。董天华看了他的颈椎核磁共振成像（MRI）报告，并进行了细致的神经系统检查，发现他的症状和体征无法用颈椎病来解释，就检查了他的空腹和餐后血糖，证实了他患的是糖尿病所致的末梢神经炎。后来董天华的这个判断得到了神经内科医师的证实，病人从而得以对症治疗。

董天华认为，每一位来求助的患者，都会给医生带来新的问题。因此，董天华把诊治每一位病人都当作是一次"考试"。如果"考试"考砸，就会给病人带来痛苦，经常的"考试"不合格，无疑就是庸医误人，那就对不起医生这个称号。因此，他认真对待病人的每一个细节，问清楚病人的每个病情特征，从不轻率地下结论，有不清楚的地方就回去查阅文献资料，然后再给病人答复。在病人面前，他永远就像一个正要接受考试的"学生"，谨慎地对待每一位"考官"，认真地填写每一份答卷，而正是这份认真的态度，给无数病患带来了福音。

股骨头坏死的治疗一直是世界性难题，且多发于青壮年。从20世纪90年代起，董天华在看门诊时，看到很多年轻人因为股骨头坏死导致行走困难，生活无法自理，有的患者不得已置换人工关节，给家庭带来了沉重的经济负担。作为骨科医生，董天华看到病人身陷病痛而自己又没有好的办法，觉得这是一份沉甸甸的责任。他把这个世界性难题看作一场考试，下决心找到好的治疗方案。

他开始查阅大量中外文献资料，对当时流行的很多治疗方法进行反复实验，又一一否定。他带领自己的研究生，经过十多年的艰难探索和复杂的动物实验，终于在2002年，创造性地提出了将"美多巴"应用于治疗早期非创伤性股骨头坏死的新思路。

2002年春节刚过，年仅27岁的常熟姑娘小骆慕名来苏大附一院找到董天华。小骆因患系统性红斑狼疮而长期服用激素，导致双侧股骨头出现坏死，来的时候她饱受疾病的折磨，股骨头坏死区域达80%以上，双腿剧烈疼痛以致行走困难。小骆也是董天华诊治的第一例股骨头坏死的病人，董天华至今无法忘记当时小骆眼中的企盼。按照董天华的治疗方案，没多久，小骆的疼痛症状逐渐消失，双侧股骨头也保持了正常的外形。停药之后，董天华还放心不下小骆，每隔半年都要打电话让她过来复查，经过近十年的随访观察，小骆的股骨头坏死区域由原来的80%下降到现在的10%。如今，小骆已经能像正常人一样生活和工作了。

小骆之后，又有不少股骨头坏死患者在董天华的帮助下既解除了病痛，又保住了关节。

一位来自常熟的患者潘某，因脑外伤手术后应用激素而导致双侧股骨头坏死，于2009年慕名来董天华教授专家门诊求诊，当时患者双侧髋关节疼痛难忍，曾求诊多家医院，并付出了巨大的经济代价，病情仍无明显改善。他挂了董天华专家门诊号，也是抱着试试看的态度。董天华详细询问了病情，耐心细致地给他制定了治疗方案，使他的病情在半年内得到了缓解，也给他带来了人生新的希望。然而过了半年，潘某不幸失去了自己唯一的女儿，这给他带来了巨大的心理创伤，甚至使他失去了生活的信心，一度想放弃治疗。董天华在随访中得知他的情况后，鼓励他不要放弃来之不易的治疗成果，并安排下级医生给他预约了核磁共振等相关检查。在董天华的精心关照下，潘某治疗进展顺利，双侧髋关节病情较初诊时明显改善。患者流着泪对董天华说："董老，是您给了我人生新的希望。"

另一位苏州农村患者小李，才20岁出头，就因肾移植术后应用激素而出现双侧股骨头坏死，双髋疼痛难忍，拄着双拐行走，严重影响日常生活，一度丧失生活的信心。家人带着小李辗转多家医院求医，病情不但没有好转，反而越来越严重，家庭也背上了沉重的经济负担。在一家人孤立无助的时候，偶然听说苏大附一院董天华教授在治疗股骨头坏死方面有丰富的经验和成绩，于是来到董天华教授专家门诊就诊。董天华为他进行了系统的股骨头坏死保守治疗，并尽量为小李开最简单、最便宜的药物。股骨头坏死的患者每3个月都要来医院随访，为了让小李少花钱，董天华向苏大附一院领导申请，并与医院挂号收款处约定，每当股骨头坏死患者来复查时，他主动将自己100元的高级专家挂号费降为5块多的普通号。经过半年的治疗，小李的病情得到了缓解，如今已近痊愈，也找到了新的工作，开始了新的生活。

如今，骨科业界把董天华的研究成果看作早期股骨头坏死最安全的治疗方法。董老他持续地追踪访问病人，积累了400多名股骨头坏死病人连续治疗并定期复查的记录，以及49例平均随访4年以上患者的疗效总结。他和他的学生以此形成了一篇题为《美多巴治疗早期非创伤性股骨头坏死的近期疗效观察》的文章，并于2010年在《中华骨科杂志》上发表，在医学界引起了广泛关注，有不少患者从新疆、辽宁、浙江等地慕名而来。

作为一名医生，董天华不仅有着高超的技术，更具备着高尚的医德。几十年来，他淡泊名利、廉洁行医，收到病人的锦旗及表扬信不计其数，却从未收受过病人的红包。他经常对年轻医生说，医生的本领不是天生的，也不是单靠书本知识简单获取的——医生的知识和技术是来自病人的，你对疾病做出的每一次正确诊断，也是你一次医疗经验的积累，经验来源于病人，医生理应回报病人。因此，医生索取和接受病人的红包是违背自身职业道德的。

董天华时常教导年轻医生，要做好一名医生，首先要做一名品行端正的人，对待患者要有一颗仁慈的心。在诊治病人的时候，要时刻设身处地为病人着想，要尽量减轻患者的经济负担；不要为了蝇头小利而过度治疗患者；能保守治疗的，尽量不住院、不开刀；能依靠自身锻炼物理恢复的，尽可能不打针不吃药。有时有的患者挂了董天华100元高级专家号，配的药仅需要几十元。

虽然董天华的专家门诊只有半天的时间，但是慕名而来的患者还是络绎不绝，人们除了仰慕他的精湛医术以外，更敬重他的高尚医德。有一位患者说："我家四代人的病都是找董教授看。让董教授看病，我们放心。"面对纷至沓来的患者，护士们担心已是高龄的董天华过度劳累，身体吃不消，就每次给他限量挂号。但每次没有挂到他专家号的患者，来到他的面前，他总是尽量给他们精心诊治。他说："患者从外地来看病，本身就很不容易，100元的号就算了，现在联网了，如需配药或检查，挂个普通号吧。"但是，他对自己看病却从来不搞特殊，有一次，他因为患眼病要到门诊治疗，本来家人觉得他年龄大，而且医院内都熟悉，作为医院的老院长、老专家，直接找医生看病也无可厚非，可是他严于律己，坚持挂号排队等候，让周围的患者和接诊医生、护士肃然起敬。

桃李满天下

在董老的书柜里，保存着一大摞长方形的纸盒子，里面摆放得整整齐齐的是一些暗红色的透明小卡片，每张小卡片插在一个框内，上面写有编号，小卡片上可以看到一行行的文字或一些图片与表格。

和我同去的学生没有见过这些东西，就问董老这些是什么。

董老说："幻灯片，我三十多年前讲课用的幻灯片。"

学生一脸惊奇：啊？我们以为幻灯片就是PPT呢。董老介绍说，电脑上的PPT也叫幻灯片，但实际上这些才是真正的幻灯片，这些是PPT的前身。

我问："董老，这样的幻灯片是怎么制作出来的？"

董老说，要把讲课的内容写好，然后用照相机拍下来，再把一张一张的胶片剪下来装进边框内，讲课时根据内容顺序，一张一张自己放上去播放。当时制作一次课的幻灯片很费工夫的。

我从一盒幻灯片中取出一张，举起来透过光亮，可以看到上面写着："股骨头坏死的自然进程。"

董老说，这些幻灯片是他1980年前后开始带研究生时制作的，二十多年的讲课资料，包括病人随访的资料都在这些幻灯片里。"我算了算，大概有一千多张。"我说，"这个很有历史的质感啊，附一院应该建个博物馆，把您的这些幻灯片收藏起来。"董老笑着说，可能放幻灯片的机器在他原来的办公室里还能找得到呢。

董老认为，他的一辈子，可以概括为70年的"学医、行医和传医"。在传医方面，他说他继承了自己在大学时代学到的课堂教学方法。当时的上海医学院有一位沈克非[①]教授，他所讲的课条理清晰、重点突出，给自己的印象非常深刻。所以后来董天华在苏州医学院主讲"骨折总论"课时，也尽量学习沈教授的讲课方法，获得了很好的反响。另外，在骨科科室里，他也十分重视定期的业务学习，在外科分成各专科的最初一段时期，他们每周坚持利用一个晚上轮流备课，进行宣讲，给

---

① 沈克非（1898—1972），外科学家和医学教育家。中国外科学的先驱者之一，毕生致力于外科学的研究，对普通外科的发展和提高以及神经外科、血管外科的开拓和创建做出了重大贡献；他长期从事临床外科教学，强调基础理论和技术训练，培养了中国几代外科技术人才。——摘自百度百科。

科室业务带来了显著的促进作用。这种制度对科室的医疗质量和年轻医师的培养也有很大的促进作用。董老谦虚地说："这也就是我在'传医'方面的作为了。"

现任苏州大学附属第二医院骨科主任医师、教授、博士生导师的董启榕，是董老的儿子，也是董老的学生。用董启榕的话说，他和父亲董天华"既是父子，也是师徒"。他认为，父亲和他那一代的前辈，为苏州骨科奠定了一个很好的传统，把各种各样的诊疗技术、规范、观念等汇集形成了一条正确的轨道，一代一代地传下来，传到最后，整个苏州的骨科医生对待病人或者对待疾病的诊断、治疗的思路或理念都是一样的，形成了一种独特的骨科诊疗文化或规范，并潜移默化到了大家的医疗实践中。这种引领和推动作用，是父亲对苏州骨科发展的重要贡献。

董老的学生都有这样的共同体验：跟随董老看门诊，可以学到很多书本上学不到的知识；可以学会怎样从繁杂众多的病史中寻找一条主线；还能学会怎样用仔细的体格检查方法探得疾病的部位；如何从众多的临床资料中抓住主要线索，得到正确的诊断和恰当的治疗方法。

其实，学生们学到的，还有董天华十分重视临床资料收集的研究方法和科学精神——每次临床工作完毕之后，回到家里，无论再累，董天华都要将每个病人的病案进行梳理和分析研究，制订详细治疗方案，分类输入电脑以便备查和随访。他退休后，他的学生仍然在这样坚持着。

董天华从1978年开始招收和培养硕士研究生，从1987年开始招收博士研究生。到2000年退休，董天华共培养了12名硕士研究生和18名博士研究生。现在他们都已成为全国各地大医院临床和科研方面的佼佼者。其中，在教学医院工作的学生中，已有10人成为博士生导师、3人成为硕士生导师，7人担任我国多种核心期刊的编委会委员。董天华培养的第一个博士生王金熙，现为美国堪萨斯大学医学院骨科研究所主任、特级教授，并任美国卫生部科研基金评审委员会骨科学组委员。

在董老80华诞和90华诞的生日会上，这些分散在国内外的学生们纷纷赶来为董老祝寿，感恩董老的指导、培养和关怀，回忆跟随董老学习时的难忘经历。

姜为民至今记得自己读博时，董老第一次用英语问他问题的情景。那时候每周四上午都有一个疑难病例的讨论，"当时我分管的一个床位的病人是腰椎滑脱的，我们在办公室讨论过以后，就到病房里去看病人。当时董教授走在前边突然回头用英语跟我讲，叫我用英语把这个病人的病史复述一遍。我一听很紧张，不过马上冷静下来，用英语把病人的情况给董教授做了汇报。汇报完以后，董教授又用英语问我为什么这个病人需要手术，我说因为他患有滑脱，董教授说，不全面，不是因为滑脱而要手术，而是因为他滑脱了，有症状了才要手术，也就是说滑脱还不算病，滑脱了有症状，那才叫滑脱症。这个患者是患了腰椎滑脱症，有症状的，才需要手术治疗。”姜为民回忆说，当时他紧张得出了一身汗，但这个过程还是挺愉快的，也给他留下了非常深刻的印象。

现任苏州大学附属第一骨科副主任的黄立新教授，是董天华指导的1997级博士研究生，他说他从董老师身上学到的最重要的东西是董老师的人品和学风。“董老师为人非常忠厚、非常实在，没有虚的东西。他就是个学者，从来不搞那种虚假的东西。1997年我读了董老师的博士研究生，就一直跟着他，做他的股骨头坏死的课题，那是我们董老师花了毕生精力的一个课题。从90年代末期开始，他就研究非创伤性股骨头坏死，然后他一直把他的这个课题当成他的儿子一样。包括到现在，退休了，90多岁了，他都还是放不下，一直在关心这件事情，非常认真。”

现任苏州大学儿童医学院院长的王晓东教授，是董天华1996级的博士研究生。他说：“董老师在我们心目当中，就是一位大家，一个伟大的，在医学领域能够带领、树立一种医学文化传承的人物。” 曾任儿童医院骨科主任的王晓东回忆道，苏州大学附属儿童医院的小儿骨科起步比较晚，当年他接手小儿骨科时，病人床位数也就十多张，一年只能做几百台手术。为了尽快提升小儿骨科的医疗水平，从2001年起，他邀请董天华和唐天驷两位老师每周来儿童医院进行会诊、教学查房和手术指导，那时候董天华已经退休，但是他欣然答应，这样的指导坚持了十年，使儿童医院的小儿骨科得到了长足的发展，“现在我们的小儿骨科已经扩展到一个完整的病区，一年能做近3 000台手术，在华东地区乃至全国都有很大的影响，这都是得益于两位教授对我们的无私帮助！”

在采访中，董老的学生们还表示，他们最为佩服的还是董老的那种“活到老，学到老”的精神。王晓东说：“有的时候我们去看他，他一个人坐在书桌前拿着个放大镜，在一个字一个字地阅读。我们知道的东西，以为是董老师不知道的，其实他都知道！”

董天华说，为了做研究，他在2000年退休后开始学习使用电脑。当时他的一位在上海东方医院工作的研究生林研提议，几个研究生一起出资一台笔记本电脑费用的50%，帮他买了一台笔记本电脑，董天华就开始学用了几年，储存了一些资料。2000年后，他又自己买了一台台式电脑，开始储存较多的资料。2010年后，他的外孙女婿从美国带来了一台新一代电脑。从此，他就用两台电脑进行工作至今。董天华谦虚地说："我的电脑水平还是很差的。再加上3年前我的右眼眼底出血，只能用视力只有0.4的左眼来看东西，效率是很低的，但我还是能充分应用它。"采访期间，我们看到，在董老的电脑里，还保存着他数十套讲课用的PPT，都是他自己在电脑上制作完成的，除了文字以外，还有大量的图表、影像学照片。近年来，他还学会了使用微信交流。

学生们都说，董老师虽然已是92岁高龄，但依然保持着一颗年轻、上进的心。闲暇时间，他经常对年轻医生说，一个人要不停地学习，要让自己的大脑充分运转，这样才不会变得迟钝和懒惰。虽然年事已高，但他心中始终放不下他的病患，放不下他钟爱的医学事业。

正如苏州市中医医院主任中医师朱牧献给董老的那首诗所说的："董生下帷授童蒙，天下高徒疗骨能。华发何须催骏马，九十犹启半里程。"[①]

岁月夹缝里的点滴记忆

采访董老之前，我一直在想，生于1926年意味着什么？92岁又意味着什么？联想到中华民族在20世纪以来经历的百年动荡和变迁，那么董老就是一个近百年历史的见证人啊。因此，在采访董老的时候，除了他的医学职业经历和科研教学成就之外，我也很想知道他在那些特殊年代有过怎样的所见所闻。因为我确信，董老虽然一辈子深耕医术，但也绝不是生活在与外界隔绝的真空中，唯有了解到那些不断变化着的社会背景，才能更加理解一位医者如何排除一切干扰而执着于自己所钟爱的事业。因此，我的许多问题往往会指向董老在成长岁月中对于社会环境和历史事件的记忆。对于这些问题，董老表示感谢地说："你勾起了我许多已经快

① "董生下帷"，典出自《汉书·董仲舒传》："汉董仲舒下帷讲诵……学士皆师尊之。"诗作者朱牧注曰：董老，曾授课与吾，亦吾师也。——摘自苏州大学附属第一医院编著《仁心仁术杏林暖，一壶清气满乾坤》一书。

忘记的回忆……"

1948年，上海还没有解放，这一年董天华是大学六年级的学生（当时的医学院学制为6年），被安排在上海中山医院做实习生。那个年代，因为大学五年级的一年是做见习生，所以到了实习生时，已经有了很大的权力和责任，比如有处方权，可以直接开处方，等等。董天华刚去的时候被分在妇产科，所有正常生产的产妇都是由实习医生亲手接生的，住院医师基本不管。若遇到了困难，再找住院医师。实习一个月下来，董天华已经大约接生了二十几个新生儿。

当董天华心无旁骛地做实习生的时候，上海医学院里也有一部分学生做着另外的事情——他们参加了中共地下党，其中就有他伯父的二儿子，董天华的堂弟。董天华记得，有些日子医学院得到内部消息，说国民党官兵要来抓人了。这些地下党员就全部躲避了起来，他的堂弟也躲到了外地某个地方，只是给父亲董承琅打电话说自己很安全。

有一天，董天华在学校宿舍接到电话，通知他到中山医院妇产科，有个急诊让他赶快过去。他就从宿舍出来，经过一个开阔地带，要跑到病房去，结果前面啪啦啪啦一阵响，几个人举枪上膛，高喊"不许动！"董天华一愣，不知怎么回事。后来知道是国民党官兵在抓人，他们要到学生宿舍里去抓疑似的共产党员。董天华的几个同学在宿舍里面急死了，冲董天华喊，你千万不要乱动！之后董天华倒退回来，不再从地面上到医院去，而是改走另外一条楼上通道，赶到病房里去工作。

董天华说，当时他的同学中有好多做了中共地下工作者，同班同学中就有四五个。上海解放前，他们还没有实习完，就到苏北去参加革命了，离开了医院的工作。

后来到了1949年，某一天凌晨三四点钟时，正在中山医院值班的董天华忽然听到一阵激烈的枪声。第二天早上起来一看，大街上睡着大批的解放军……

上海解放了，董天华也到了毕业找工作的时候，他申请当医生，写了两个地方，一个是苏州博习医院，一个是北京协和医院。正处于新旧社会交替的年代，许多地方通信不畅。当时苏州到上海这些地区已经解放，写给博习医院的信很快有了回复，同意接收他；而北京协和医院一看是自己医院的老教授董承琅介绍来的，也同意接收董天华。但是由于路途遥远，通信缓慢，等协和医院的消息传到董天华这里时，他已经答应了苏州博习医院。董天华感慨道："如果当时去了协和医院，那我的整个人生都要改写了。”

1949年夏天，董天华拎着两个行李箱，从上海坐火车来到苏州。他在火车站叫了一辆黄包车，把他拉到了位于苏州十梓街东面的博习医院门口。董天华就在这里安了家，开始了自己的新生活。

董天华回忆说，那个时候全院总共也没有几个医生，外科管的范围很大，不要说骨科、泌尿科，连皮肤科、性病、淋病也是外科管的。刚刚参加工作的董天华突然间面对如此多的病种，感到自己在学校学的知识远远不够用了，这迫使他不得不如饥似渴地学习新的东西。白天遇到不懂的新病情，晚上他就泡在图书馆里，寻找、汲取新的知识。1950年6月，由于抗美援朝战争爆发，赵乐门作为博习医院的最后一任美籍院长，不得不离开苏州回国，博习医院从此开始了它的新阶段。

1956年，在建立了骨科专科后，董天华和几位年轻医师感到没有任何参考书可读，影响了骨科工作的开展。董天华就到医院图书馆里寻找可用的书籍。当时找到了一本作者为Campbell的《骨科手术学》，他从中选了比较常用的30多种手术方法，编写了《常用骨科手术方法》一书，这本书带有摘录和翻译的性质，当时没有想到要出版，只是请了一位退休女教师帮忙刻了钢板，油印了大约200本，分发给市内及苏州地区各县医院的外科医师。让董天华感到可惜的是，这本书没有保存下来，再也找不到了。后来，董天华在图书馆内发现了一本英文版骨科手术书《骨折与脱位处理图解》，他和同事翻译了这本书，并在上海科技出版社出版。在当年中国严重缺乏骨科参考书的特殊时期，它的出版恰如及时春雨。

《骨折与脱位处理图解》一书的出版给董天华带来了不小的声誉，20世纪六七十年代，他不断接到来自全国各地的讲课邀请。给董天华留下较深印象的是“文革”后期的1974年，山西大同矿务局医院邀请他去大同做学术讲座。由于当时还没有全国性的骨科学术组织，董天华估计对方是读了他翻译的书才知道他的信息的。当时除了书信来往外，没有其他联系方式。对方写信告诉董天华，先从苏州坐火车到北京，然后再转北京到大同的火车，对方会在大同车站接站。但是由于没有见过面，董天华出站后，对方并没有接到他。董天华就沿地下通道出了站，站在出站口东张西望地等待。就在这时，忽然听到车站广播里传来呼叫他名字的声音：“来自苏州的董天华教授，请你到出站口来。”最后双方见面时，对方特别惊讶：“原来董天华就是你呀！”——在对方脑海里，董天华作为国内顶尖的专家，应该是一位白发苍苍的老人，然而事实上，董天华当时年仅48岁。

除了学习和翻译外国文献上的先进医疗技术和知识之外，年轻时的董天华还十分注意开展一些新技术和新的临床经验的介绍，并积累病例，包括“自发性寰椎脱位”“腰背痛”“颈髓中央综合征”“腰椎崩裂和滑脱”“环指转移再造拇指”“脊柱化脓性骨髓炎”“腓肠肌肌皮瓣移植术”“颈椎病”“CT在骨科的应用”“下肢深静脉栓塞诊断”等，都是带着问题学，学以致用，从而解决临床遇到的问题。1960年以后，董天华对“断肢（指）再植”的显微外科技术进行了学习研究，在国内成功接活了第一例断掌病例。后来当他去法国进修学习时，关于这个成功案例的论文还刊登在法国顶级的骨科刊物上。

“文革”期间，苏州医学院和附一院都受到了冲击。医院里比董天华资格老、职务高的几位老主任都受到了迫害，被打成了“反动学术权威”，被罚扫地、扫厕所，在门诊的长凳上示众。而董天华因为是解放后才参加工作，年资较轻而幸免。但是，即使在那样混乱的环境下，他也没有停止他的研究。

其中有一个研究是追踪腰椎间盘突出的病例资料和术后随访结果。这项研究从1956年一直持续到1972年，总结了连续16年对腰椎间盘突出病例临床资料和手术后的随访结果，最后形成一篇文章《腰椎间盘突出259例临床分析》。这篇文章1976年被《中华医学杂志》录用，被认为是当时国内“病例数最多、临床随访资料比较完整”的文章。在这篇文章中，董天华详细记录了诊断要点、符合手术的条件、手术适应症情况、手术方法等，详细论证了什么情况下可以手术、什么时候必须保守治疗，以避免给病人带来不必要的创伤等。因为追踪病例多、观察时间长，所以这篇文章有着很强的科学性和实用性。

然而，让董天华感到遗憾的是，由于当时还处于“文化大革命”时期，知识分子写文章被认为是不突出政治的表现。所以，董天华没有敢写上自己的名字，作者署名一行只写了“苏州医学院附属医院骨科”。董老说，因为这个原因，这篇文章后来谁都无法引证。

在董老家里的墙上挂了不少照片，其中一幅是董老以法国巴黎埃菲尔铁塔为背景的照片，那时候的董老还是一头黑发、面庞清癯、精神抖擞、意气风发。董老说，这张照片是他在法国进修结束前，法国卫生局局长送给他的纪念品。

1982年，董天华被派往法国进修，学习法国的医院管理。董天华对法国医院管理印象深刻的是：管理方法比较严格细致，都是用数据说明，医院的收费标准也是严格统一制定的；另外，医院对医生的医疗技术非常重视，如果医生技术不行就请走人。董天华在法国还学到了不少先进的骨科技术方法，相比国内原来的手术方案，法国的方案更合理科学，更符合生物力学的原理。董天华就把这些先进的理念和技术带回来，并较早地在国内应用了这些比较新的技术与理念。

董天华在法国期间，与法国许多骨科专家建立了良好的友谊，董天华后来也请这些法国专家朋友帮助安排自己的儿子董启榕到法国进修。董启榕在学习期间进步很快，进修的后期能够作为主刀参加手术。董天华认为，这在医院管理相当严格的法国，是一件非常不容易的事。董启榕进修回国后，成长为苏州大学附属第二医院的骨科主任、主任医师、教授、博士生导师。这让董天华感到欣慰和自豪。

董天华回忆起在法国的岁月时，还记得一件很有意思的事。因为20世纪80年代的中国人出去旅游的很少，所以走在法国街头的亚洲面孔，往往被当作日本人——日本人有钱在当时世界上是很出名的，所以他们是一些不法分子抢劫的主要对象。董天华说，当时巴黎有不少无业游民常常在街上抢劫外国人。董天华就碰上了一次，他装着证件和银行卡的钱包以及住所的钥匙都被抢劫了。让他没想到的是，5 天后他收到一封警察局的通知，让他去领取除钱币外所有被抢的物品。董天华看到自己失而复得的证件和钥匙，感觉那伙盗贼还算有一点“良心”。

1983年，董天华从法国进修回来后，已经57岁，超过了当时提拔院长的年龄。但是上级领导考虑到他突出的成就和良好的群众基础，还是破格任命他为苏州医学院医学系主任兼附属第一医院院长。董老说：“我连副院长都没有当过，就直接当院长了。”

董天华上任后，结合自己在法国学到的医院管理经验，全面规范了医院的医疗秩序和教学秩序，建立了一整套科学的医院管理制度和医疗运行制度。同时，面对“文革”期间广大医务人员职称评定被长期耽误的局面，他拟定了一套公开、公正的职称评定政策，顺利地完成了全院医务人员的医疗和教学职称评定工作。此外，面对医院医疗条件落后的局面，他通过向全社会各单位发动集资的方式，为医院新建了两座病房大楼，初步满足了医疗和教学的需要。

在我们的采访中，医院的几位老主任和年资高的医生，还习惯地称呼董天华为“董院长”，而事实上，董天华1987年从院长位置上退下来，至今已经过去了30年。

甜蜜奏鸣曲

在董老家的客厅里，摆放着一架看上去古色古香的钢琴。跟董老见面之前，我就听说了董老不仅外语好，而且音乐素养也很高。所以第一次到董老家时，我就试着提出能不能请他弹奏一首曲子，没想到董老欣然应允，立即走到钢琴前打开琴盖，坐下来开始弹奏，我连忙指挥学生架好机器，拍摄下了董老弹琴的优雅画面。

我问董老："您小时候既没有上过什么培训班，也没有上过专业的音乐院校，为什么音乐素养会这么高？"他笑着回答说："我是有音乐情结的……"

董老介绍说，在他的业余生活中，音乐占有十分重要的位置，然而却并没有老师教过他如何弹钢琴，也没有老师专门教过他如何发声，他基本都是自学的。

1938年，因为发生了"八·一三"事变，当时年仅12岁的董天华随全家从苏州逃至镇江外婆家，一个月后又经武汉、广州、香港辗转至上海祖父家。正是在祖父家暂住的这段时间里，董天华开始接触钢琴。有一天，董天华在自己学弹琴，他的三姑妈看到了，就说，我来教你弹完整的曲子，于是就手把手地教了董天华两首曲子。一首是不知名的进行曲，比较简单；另一首是较长的曲子，名叫"Sweet Bye and Bye！"（《甜蜜奏鸣曲》）。因为没有乐谱，完全是凭记忆弹的，曲子分五段，主旋律是相同的，却有着不同的变奏。

因为喜欢音乐，上初中时，董天华就积极参加中学里的各种文艺活动。他就读的惠中中学属于教会学校，每个礼拜教堂里都有唱诗班活动。董天华参加了唱诗班，并喜欢上了唱歌和指挥。初中毕业的那年暑假，董天华在学校图书馆里找到一本英文的乐理书，初步学习了和声的基本原理，还对一些大合唱的本子和曲子的和声进行了研究和核对，了解到主调与和声之间的关系，还有大三和弦与小三和弦之间相互的转换，等等。从此，他能用钢琴为一般的曲子来配伴奏了，而且还学会了自弹自唱。

到了高中，董天华的唱歌天赋很快得到了音乐老师的赏识。音乐老师是一位外国妇女，在一次上课结束时，这位女老师对董天华说，她可以另选时间单独教他唱歌。但考虑到当时单独辅导的费用很贵，董天华没敢接受，但是能得到老师的肯定，这让董天华对自己的唱歌能力有了很大的自信。董天华说，年轻时他的高音能唱到降B调，现在虽然已经年过90岁，但还可以唱到E调，而且保持着原来的音色。

到了大学，董天华更是积极参加各种文体活动。他和班上的三个同学经常在一起唱男声四重唱，董天华唱第一男高音。董老说："我们这个四人组合在当时的上海还小有名气呢。" 20岁上大三时，董天华担任了上海两个基督教会——惠中堂和清心堂唱诗班的指挥，直至大学毕业离开上海为止。董天华回忆说，有一次，清心堂的一位教友问他在哪里读书，董天华回答道，在上海医学院，对方会意地重复了一遍，噢，上海音学院啊！或许是佩服董天华的音乐才能，对方把董天华误认为是一个专业音乐人了。此外，当时的他可能做指挥时比较严肃认真，许多人并不知道他仅仅是个20岁上下的小伙子。有一次，合唱队员中有一位年龄较大的朋友要核对董天华的年龄，因为他原来认为董天华应该有40多岁了，结果一核对，发现董天华只有21岁。董天华笑着说："可见我当时在他们心目中的形象是多么严肃和老成。"

大学毕业来到苏州后，董天华的音乐爱好和才能又让他在苏州找到了新的舞台。

博习医院作为教会医院，也是每周要做礼拜，举行唱诗班活动。有人了解到董天华在上海教堂做指挥的经历，就请他在医院的约翰堂唱诗班担任指挥。在那段青春的时光里，他的音乐爱好也使他很快收获了一份爱情。与董天华同时进入博习医院工作的姑娘张联璧也参加了教堂的唱诗班。共同的音乐爱好让他们能够在业余时间的排练中经常接触，逐渐产生了互相倾慕的情愫。张联璧至今仍然清晰地记得那些日子里，他们唱诗班十几个年轻人在天赐庄一位同事家的小客厅里，一起弹琴、唱歌、排练的那些愉快的晚上。相恋一年后，1952年3月，董天华与张联璧走进了婚姻的殿堂。

在我们拍摄董老弹奏钢琴的镜头时，老伴儿张联璧一直站在旁边观看。拍摄完毕时，张联璧走过来给我们添茶，然后看着董天华笑着轻轻地说了一句苏州话："有一个音弹错了……" 董老红了脸，不好意思地说，是弹错了，有点紧张。我和几个拍摄的学生都笑了。我笑着说，大概是因为我们的摄像机在场的缘故吧。

1956年，苏州市青年会的负责人了解到董天华的音乐才能，邀请他担任苏州市业余合唱团的指挥和团长。从1956年起至1962年，这个合唱团开过很多场音乐会，其中有一次在苏州观前街的开明大戏院表演时，还卖了票。此外，董天华还被合唱团指定为声乐教师，为两位女生教授声乐。在医院内部的业余活动中，董天华经常会表演男声独唱。后来医院也成立了职工合唱团，董天华也担任过指挥。

1990年，董天华指挥有近百人参加的教授合唱团，参加苏州市内组织的大合唱活动，获得了广泛的好评。还有一次，大约在1996年，医学院宣传部部长在一个晚上突然来到董天华家"求援"，因为学校合唱团要参加市里大学生合唱比赛，原来的指挥不是本校的职工，被临时通知不准参加，可是第二天就要比赛了，部长只好紧急请求董天华去学校为第二天比赛的学生合唱团担任指挥。董天华过去后发现，两首曲子中有一首是陌生的。但经过20分钟的练习，一切都达到了要求。第二天，医学院合唱团在全市大学生合唱比赛中获得了好评，在所有非音乐专业性学校中得分最高。

虽然积极参加各种音乐活动，但是直到1958年，董天华才拥有了自己的一架钢琴，而这花费了他好几年的积蓄。从那以后，董天华终于重新有机会每天练习弹琴了。虽然又学会了不少曲子，但是小时候姑妈教他的那首"Sweet Bye and Bye"一直是董天华最喜欢和最熟练的。这首曲子也成了董天华家的"传家宝"——女儿、孙女和外孙女都会弹。

然而，这首曲子他一直是凭记忆弹奏的，如果要与别人一起表演，就需要有乐谱。2001年，附一院在苏州的人民大会堂举办新年联欢会，董天华要与苏州歌舞团的乐手们合作表演这首曲子，但因为没有曲谱，董天华只好花了很长时间先将这首曲子默写成曲谱，再由歌舞团的小提琴、萨克管和低音提琴一起配了伴奏。董天华在这些伴奏下表演了这首钢琴曲。就在前几年，已经高龄的董天华学会了上网，他从网上下载了这首曲子的曲谱，惊奇地发现与他原来默写下来的曲谱基本一致。

董天华说"Sweet Bye and Bye"这首歌是他最喜欢的。每天他都要把这首曲子弹上两遍，这样他就不会忘掉它——他相信弹琴可以锻炼人的大脑，使它不至于过快衰退。他还在他的一篇回忆录里写道："我告诉我的爱人，在我过世后的追悼会上，一定要放这首曲子，向我的亲友告别。"

就在采访董老期间，一位以前合唱团的歌友觉得董老歌唱得好，还专门跑到董老家为他录音。我们采访小组也恰好对这个录制过程进行了拍摄。就在董老的书房里，董老戴着耳机，精神抖擞地站在立式话筒前，跟随着伴奏，放声演唱了2008年北京奥运会的主题歌"You and Me"（《我和你》）。他声音宽广浑厚、气韵舒畅、吐字清晰、发音纯正，那红润的脸庞、悠远的目光，让我们不得不感叹，董老唱出的这首"我和你"，不仅仅是一首歌曲，还包含着他与他挚爱的音乐、家人和医学事业那缠绵近一个世纪的深深眷恋……

专访

家学渊源

· 我的祖父是一个学者、教授，也是基督教神学在中国的创始人，还是个商人，我觉得他是个很奇特的人。

· 我的父亲和徐志摩都是沪江大学创办的杂志《天籁》的工作人员，徐志摩是中文主笔之一，我父亲是财务之一。

· 我不知道父母是怎么把我们六个孩子养大的，当时的环境下，一般的工薪阶层不会有很宽裕的生活，所以我总觉得我的母亲很辛苦。

· 我的伯父董承琅32岁时被聘为北京协和医院内科副教授，担任心脏病科主任。他被称为『中国心脏病学奠基人』，还是第一代党和国家领导人的保健医师。

祖父和父亲

杜 我看您家里面有很多老照片，包括您小时候和年轻时候的一些家庭合影，您在一些文章中也常常提起您的祖父、伯父和父亲，那么能不能请您谈谈，从您记事起，当时的家庭是什么一个情况？

董 祖父的名字叫董景安[①]，他的情况是后来才了解得比较完整的。他本来是清朝末年浙江鄞县一个有名的秀才，秀才当然有一些文学的根基，资料上说他"泛读精学、学识渊博，深谙中国传统文化的精髓"。他那个时候在宁波的外国教会里工作，有一个外国教师一对一教他学习英语和法语，加上他有一定的天赋，就精通了这两门语言。大概是1902年，他被宁波教会派到英国爱丁堡一所大学参加国际浸礼会议。他在会议上做了一个演讲，据说他的发言"精巧而高雅"，受到了与会者的好评。会后，英国爱丁堡大学授予他"名誉教授"头衔。这个在中国历史上大概还是没有过的。

杜 我看资料上说，您祖父还当过沪江大学的校长？

董 1906年，祖父和一个叫魏馥兰（Francis Johnstone，White）的美国人，在上海创办了一个浸会神学院，后来与浸会大学堂合并，称为上海浸会大学，1914年定名为沪江大学，也就是现在上海理工大学的前身。我祖父是沪江大学第一个中国籍教授。1908年，他担任沪江大学副校长，1916年到1917年，校长回美国期间，他任代校长。美国人不回来以后他就成了校长。1919年，祖父离开沪江大学去浙江

① 董景安（1875—1945），清末鄞县有名的秀才，沪江大学第一个中国籍教授，1908年起担任上海沪江大学副校长、代校长等职，后出任舟山中学首任校长。——章华明、黄美树〔美〕：《董景安：民国初年的扫盲先驱》，《档案春秋》，2012年第9期。

2010年，董天华（左三）携家人在舟山中学寻访祖迹时留影

定海办学。大概在1921年，他到了宁波的舟山，有个上海的资本家刘鸿生在舟山开设了一所中学，叫定海公学，他们邀请我祖父去当校长，他很愉快地答应了，然后就离开上海去了舟山办学。有资料显示，在我祖父的引领下，这个定海公学很快成为东南名校。

杜 定海公学？

董 现在叫舟山中学。2010年3月的时候，这个学校还专门邀请我们去参观，寻访了一下祖父的踪迹。这个学校现在也很不错的，我祖父在离开那里时曾经题写了“博爱”两个字，学校为他立了一个博爱碑，表达对他的怀念。我记得我当时还在那边种植了一棵桂花树。

杜 那您小时候对祖父有印象吗？

2010年，董天华夫妇在祖父董景安手书“博爱”碑前留影

2010年，董天华在舟山中学种植桂花树表达对祖父的纪念

董　有印象。我十一二岁时，正是抗战时期，为了躲避战乱，父亲带着我们从苏州到上海的祖父家里暂住。当时，我印象中总觉得祖父很忙的，而且工作魄力很大。后来蛮奇怪的，他从一个大学教授、校长变成传道的了，因为那时候国内教会要么是英国人，要么是法国人。他创立了中国人自己办的国内布道会。所以我觉得他独立思考能力很强。据说后来上海好多霓虹灯都是他最先引进的，所以说他既是个学者、教授，又是基督教神学在中国的创始人，又是商人，我觉得他是个很奇特的人，这是有关我祖父的印象。

杜　您的祖父有几个孩子？

董　我祖父有七男七女。第一个妻子是四男四女，第二个妻子是三男三女。我父亲排行第二。我父亲的哥哥，也就是老大，叫董承琅，他对我的影响是非常大的。我的三姑妈是妇产科医生，也是很有名的。

杜　祖父家建有族谱吗？

董　我这里有祖父60大寿时全家人照片的一个拼图，我给你看一下。

董天华（十字拼图左三）祖父董景安60寿庆全家福图（摄于1934年）

董天华（后排左一）祖父董景安（三排居中者）65寿庆时全家合影（摄于1939年）

杜　这里面哪个是您?

董　从左向右，正好拼成了一个“六十”的团案。“十”字左起第三个就是我；“六”字右起第五位是我的伯父董承琅；右起第四是我的父亲董承璵。

杜　还有别的照片吗?

董　还有一张祖父65岁寿庆时的合影。

杜　哇，人这么多。

董　我数了一下，这张照片上总共有40口人。

杜　您多大时祖父去世的?

董　他是70岁去世的，我中学毕业吧。

杜　那您父亲的情况呢?

董　我的父亲叫董承璵，他是在我祖父他们创办的那个沪江大学毕业的，是学英语和宗教两个方面的。父亲上大学时，祖父是沪江大学副校长。在沪江大学出版的1917年年刊中，有1920届的班级名单，我父亲就是1920届的。他当时是4个班干部之一，管理财务。当时的班长是徐志摩，他和徐志摩都是沪江大学创办的杂志《天籁》的工作人员，徐志摩是中文主笔之一，我父亲是负责财务管理的人员之一。1917年，徐志摩离开沪江大学，转到天津北洋大学法科预备班。这是我在由上海理工大学档案馆编写、上海交通大学出版社出版的《徐志摩在沪江大学》一书上看到的资料。

杜　那您父亲后来做什么工作？

董　我父亲虽然学了宗教，但后来没有做牧师，而是在一家外企，那个时候英商的亚细亚公司里做秘书，专门要与国外联系的，通常是他老板口述，他速写，再根据速写打字发信出去。他对我的影响，主要是在我的学习过程中，讲一讲这个英语是什么作用，不是像教科书上一样地讲，是灵活的应用。

杜　他直接教过您英语吗？

董　没有。我在学校里学的，但我在家做作业的时候，他会讲一讲，说这个词有几种意思，你要注意。所以我的英语学得好跟他也有一定的关系。

杜　在家里您和您的父亲会说英语吗？

董　有的时候偶尔会用一些英语来交流，会经常谈到英语。

董天华（后排右一）父母与兄妹合照（摄于1938年）

董天华（后排右二）与父母及兄弟妹合照（摄于1945年）

董天华（后排左三）与父母大家庭合影（摄于1960年）

董天华（后排左三）与父母大家庭合影（摄于1962年）

杜 当时家里的生活情况怎样呢？

董 我父母养了六个孩子，我排行老二。再高的收入要负担一家8口人，也是很吃力的。我不知道父母是怎么把我们六个孩子养大的，当时的情况下一般的工薪阶层不会有很宽裕的生活，所以我总觉得我的母亲很辛苦，想尽办法要让我们念书，另外还要让我们吃饱、睡好，很不容易的。

杜 六个孩子除了您大哥外都读了大学？

董 那时候我父亲一个人负担不了家里了，就让大哥念了职业中学，毕业以后就到工厂里面去工作，不过他工作也做得很好，不久就当上了大通被单厂的厂长。

杜 您的母亲上过大学吗？

董 没有。她那时候大概在教会里面学过，他们叫“罗马字”。她不会写的汉字，都是用拼音拼出来，等于说只会拼音。

杜 所以她才非常重视让你们几个子女都去上大学？那她当时有没有经常跟您说

的话，比如说要好好上学什么的？

董　对，一直讲的。有的时候用不着讲，形势就在那边，应当这么做，她也期望我们这样做。

伯父的影响

杜 您曾经提到，您选择学医主要是受了您伯父的影响？

董 对。我的伯父董承琅，据说他是18岁大学毕业，我没有去核实，那个时候成绩好可以跳级的，他14岁上大学，学的是理学系，18岁大学毕业，是个奇才啊。

杜 那是哪个大学啊？

董 沪江大学，也是我祖父的那个大学。他是1918届的毕业生，比我父亲早两年毕业。伯父大学毕业以后，在一个大资本家家里当家庭教师，辅导到这个学生高中毕业，大资本家准备让我的伯父和他的儿子一起去美国留学，费用全都是资本家出。后来这个儿子不争气，不去了，资本家对我伯父说，你到美国学习的所有费用我包了，所以伯父很幸运，1920年他就去美国留学了。虽然我祖父有一定的声望，但没有那么强的经济实力资助伯父留学。我伯父去美国密西根大学学了四年的医学，拿到了密西根大学的医学博士学位。毕业之后我伯父就到了北京的协和医院工作。后来又被派到美国学习，32岁时就成了北京协和医院内科的副教授，兼任心脏病科主任。

杜 我看到资料上说，您伯父被称为“中国心脏病学奠基人”，在当时应该非常有名吧？

董 是的。他还担任新中国第一代党和国家领导人的保健医师。1954年我到天津进修时，有一位方先之教授，他是我的老师，那时候方先之在全国的骨科是最有名的了，他知道我的伯父是董承琅后，就问我董承琅现在怎么样了，我说他很好啊。方先之很谦虚地说，你的伯父也是我的老师。所以说那个时候我伯父是很有名的。

杜 那您伯父后来又怎么到了上海呢？

董 1937年，抗日战争全面爆发，北京沦陷了，协和医院被日本人占领，大概1941年，我伯父一家就从北京搬到了上海，开办了一个私人心脏病门诊，据说是国内首家由中国人开设的私人心脏病专门诊所。他那时候在上海是很有名的，我记得请他去看门诊，价格很高，名额也有限。他晚上也得出诊，忙得不得了，后来甚至到什么地步，一到晚上就把电话关掉了，要好好保养自己的身体。1946年，抗战胜利后，当时国立上海医学院（今复旦大学医学院）从重庆迁回来，与留在上海的医学院合并，我的伯父就被上海医学院聘为特聘教授。我四年级学习临床课时，还听过他上的心脏病学的课程。解放后，他就到了上海第六人民医院工作。

杜 那您觉得伯父是从哪些方面影响了您？

董 说实在话，他在上海行医的时候收入很高，社会地位也高，受人尊重，而且不求人。我们家那个时候生活很艰苦，我的父亲当然也有一定的收入，可是不像医生那样受人尊重，所以觉得还是学医好。我母亲对我说，你学医，将来可以多收入。很朴素的想法哦。

杜 除了家里生活艰难让父母觉得应该让您学医以外，您伯父对您还有什么影响？

董 1943年我考入上海医学院。他对我能考上医学院十分高兴。在这之前，他的大儿子经圣约翰大学的医预科结业后，没有考上该校的医学院而改学了经济，因此伯父对我寄予厚望。伯父对我的影响，一个是他的成就，一个是他的认真。有一次在他家里，他拿出一本书来，1934年国外的《内科学》（*Internal Medicine*），英文经典原版书。他指给我看，书上引证了3篇他在20世纪40年代发表的文章。这是国外的经典教科书，那个时候国外的教科书上很少引证中国人的文章，这说明他当时在北京协和医院写了很多有分量、有代表性的文章。

杜 那您当时看到这篇文章是什么感觉？

董 一定要向伯父一样，好好学习，好好工作，将来做出一番事业吧。我当时心想，伯父的文章能被国外的教科书引用，是十分不易的事情，也了解到伯父在我国心脏病学界的突出地位。同时，我能在毕业前有一本可以随时参考阅读的经典内科学著作，也是一件十分幸运的事。要知道当时能够找到可以阅读的原版经典著作是一件十分不易的事。他还送给我一本原版的《妇产科学》，我来苏州后将该书转送给妇产科孙希琰医师了。

杜 他有没有具体指导过您学医应该怎么学？

董　没有，但是他的细心给了我很深刻的印象。有一次我在他家里，他出诊回来，当着我的面，把他出诊包内的药物重新清点了一遍，比如说强心针，记录上面是五个，一看是四个，是打了，这个东西对了。就是说打的时候要三查七对，应该打这个针的，回到家里再点一遍，确定没错才放心，到这样的地步。他跟我讲，以后在工作中一定要十分细心，他的这个工作态度我是永远不会忘记的。

杜　您伯父还有没有在做研究方面给过您什么指导？

董　他告诫我，在临床工作中还必须不断学习新知识，随时收集临床资料，及时总结经验，经常注意有计划地阅读文献。记得在医学院五年级见习阶段，我曾对用某一药物治疗一种少见疾病的问题产生兴趣，由于当时没见过这个问题的正式

董天华在伯父董承琅的铜像前（摄于2000年）

报道，我就多次去图书馆寻找有关资料。后来由于其他工作较忙，也因选题不当，最后不了了之了。但我的脑海中却播下了进行临床科研的种子。后来，在我毕业后的日常医疗工作中，我总是把临床和科研紧密结合，也写了多篇有一定临床参考意义的文章，这也是受到伯父的影响。

杜　我看到上海六院还为您伯父树立了铜像？

董　上海市第六人民医院现在还树立着我伯父的铜像。我有一张照片是在他铜像前拍的。在我国树立铜像是要中央批准的，只有极少数的医师才能获此殊荣。那个时候，他经常去北京为党和国家的主要领导人服务。当时国家保健局局长陶寿棋教授是上海医学院的心内科教授，他是经我伯父介绍1949年后去美国进修回国的。他们两人曾共同撰写了我国第一本《心脏病学》。我伯父有一个习惯，他从来不肯坐飞机，一般都是坐火车去北京的，但唯一的一次是为抢救胡志明主席而乘飞机去北京待命，后因胡主席在河内已抢救无效而未成行。

走上行医路

· 那个时候妇产科产妇都是实习医生接生的，一个月下来我大概接生了二十几个小孩。

· 北京协和医院同意接收我，可是这时候我已经答应博习医院了。如果那时去了北京，那我的整个人生就都改写了。

· 医学院学的东西只占工作中要使用的知识的百分之一，所以我必须赶快学习。

· 图书馆是我经常去的，书籍是我吸收营养的最主要来源。每天晚上12点以前我是不会睡觉的，星期天是我学习的最好时间。

· 我一个骨科医生，参加工作两年以后，发表的第一篇文章是关于麻醉方面的，想想也蛮特别的。

医学院岁月

杜 您还记不记得当时考大学的情景?

董 那个时候考大学,据说是十里挑一,我第一次就考取了,跟现在差不多,主要是笔试。

杜 考试完了也是发录取通知书?

董 是,然后再去体检,跟现在差不多。

杜 那您还记得当时拿到录取通知书时的心情吗?

董 那当然是很高兴啦。反正我总记得要先去体检,因为我的祖母是肺结核过世的,那时候据说99%以上的人都有肺结核,因为它是空气传播,很容易被传染上的。我在祖母家住过半年,体检时发现肺里面有一些隐隐的斑痕,我一看体检表上被画了一些东西,害怕得不得了。当时学校有一个教务长,我就给他看,他说不要紧的,已经好了,我这才放心。

杜 那现在为什么几乎听不到有人得肺结核了?

董 那时候没有特效药,怎么治疗肺结核呢?就是注意营养与休息。药物治疗到1946年左右才开始有的,因为发明了链霉素。

杜 那肺结核感染以后死亡率高吗?

董 高,那个时候很高的,具体的我也不知道,反正营养差、抵抗力差的,二十几岁、三十几岁就死了。据说解放前我们中国人的平均寿命只有三十岁左右,大部分人在小的时候得结核就死掉了。

杜 您对大学学的课程还有印象吗?

董 那个时候学医的学制是6年。第一年医预科,学习生物、化学、物理,当然还有英语等其他基础课;第二个学期开始,我们医学有前期、后期,医学基础课——解剖、生理、病理、药理、诊断学，一到三年级修完。第一年是文化基础课，第二、三年是医学基础课，第四、五年是医学专业课，第五年是见习医生，第六年是实习医生。那个时候的见习期会到病房去看病人、查病房、参加手术、看门诊什么的，可以打下一些基础，到第六年当实习医生时权力就比较大了，可以有处方权了。病房里护士长是没有处方权的。我们刚去做实习医生的时候也不懂，护士长就说，你签个字吧。那个过程也是逼得你去弄懂它，回去翻书查阅用什么药、怎么用。

杜 您那个时候在哪个医院实习？

董 上海中山医院。那个时候，上海医学院有两个附属医院，一个是中山医院，一个是华山医院。我两个医院都申请的，两个医院也都录取我了，我就选择在中山医院，比较新的医院，当了一年的实习医生。

杜 实习还要申请？

董 要申请的，因为我们一个班有九十几个学生，两个医院的实习名额加起来只有五六十个，还有三四十个要到其他市立医院去。

董天华（后排右五）与国立上海医学院同学的毕业合影（摄于1949年）

杜　那当时做实习医生也要各科室轮转吗?

董　要的。外科四个月，妇产科一个月，门诊一个月，内科也有几个月。

杜　您在妇产科要接生吗?

董　那当然。那个时候妇产科的产妇都是实习医生接生的，住院医师不管，有困难了才叫住院医师。实习医生那个时候工作责任很大。我们刚去，从来没接生过，怎么会呢? 那助产师会教我们怎么处理，所以一个月下来我大概接生了二十几个小孩，那个时候实习医生很派用场的。

杜　一个月您就接生了二十几个婴儿，几乎每天都要接生?

董　对，也是老手了。一共两个实习医生，今天我值班，明天他值班，所以那个时候实习医生很辛苦的。

院墙外的枪声

杜 您做实习生是哪一年?

董 1948年。

杜 还是属于国民党统治时期。

董 是。我在中山医院实习的时候还听到过枪声,早上三四点"啪啪啪啪"打枪,第二天早上起来一看马路上都是解放军。还有一个事情,因为还没解放,医学院里有很多同学参加了地下党,医院里也有很多从事地下工作的医生,包括我的堂弟,也就是董承琅的第二个儿子,他是医学院的学生,也参加了中共地下工作。有一次,他们内部消息说国民党要来抓人了,这些人(地下党)全部躲避掉了,我的堂弟也躲到其他地方去了,然后打电话告诉他父亲,他是安全的。

杜 那当时您还在医院里做实习生?

董 对。我记得有一天,我在宿舍里接到电话通知,说妇产科有个急诊要我去。我就从宿舍经过开阔地带,要到病房去,结果刚走出楼门口,突然外面几个人枪上膛,说"不许动!"我一愣,怎么搞的?他们在抓人!他们要到我们宿舍里去抓共产党员。我的几个同学在宿舍里面急死了,对我喊:"你不要动!不要动!"然后我就倒退回来,从另外一个楼上通道到病房里去值班。

杜 您当时知道您的堂弟是地下工作者吗?

董 不知道。后来只知道他失踪了,他家里人也不说,实际上他家里已经知道了,因为已经接到电话通知了,但我的伯父也不讲,因为他也不敢讲。

杜 那当时作为医生来说,外面社会上的这些变化,比如战争什么的,有影响到您吗?

董 那时候有好多中共地下工作者，我们同班同学有四五个，解放前几个月都离开医院到苏北去了。后来，我们班拍毕业合影照片时，实际是人不全的，因为有一部分同学到苏北参加了革命，就没有回来拍毕业照。

进入博习医院

杜 您毕业后怎么来到苏州的?

董 我那时候申请当医生,写了两个地方:一个是苏州博习医院,一个是北京协和医院。这是当时全国都很有名的两个医院。可是那时候通信不畅,苏州到上海这些地区已经解放了,信通了,博习医院同意我去,北京那边好久没有消息,所以没到北京去。

杜 协和医院那边后来一直没有消息?

董 后来有消息了,说北京协和医院同意接收我,叫我去了。因为协和医院一看介绍人是董承琅,那很厉害啊,是他们的老教授介绍来的。可是当时我已经答应博习医院了。那时如果去了北京,那我的整个人生就都改写了。

杜 当时您的家还在上海,来苏州博习医院是自己的一个想法,还是受谁的影响?

董 没有什么吧,因为我父亲一家本来都在苏州,是战争以后才到上海去的,对苏州有一定的感情。

杜 那您是怎么来到博习医院的?

董 乘火车,随身带一个箱子,一个行李卷,两件东西。

杜 当时直接就到了现在的苏大本部西门那边吗?

董 是的。我记得很清楚,黄包车把我拉到了博习医院门口,我们叫二门,一个工人在那里,我说我是来报到的,他就领我去宿舍,宿舍就在去门诊的路上。

杜 那时候博习医院有多大?

董 那个时候博习医院总共没几个医生,外科也不是现在所说的外科,外科里有骨科、骨外科、脑外科、胸外科、泌尿外科,皮肤科也是外科医生管的,性病、淋病

畢業證書

學生董天華係浙江鄞縣人現年二十三歲在本學院醫科肄業六年期滿成績及格准予畢業此證

國立上海醫學院院長朱恒璧

公曆一九四九年六月 日

1949年，董天华毕业于国立上海医学院的毕业证书

也是我们管的，那时候老百姓不太懂，以为只要是外面的病就属于外科了。还有一个五官科门诊，专门的五官科急诊是没有的。五官科有一些我也要看，所以我一来就做很多，面很广的。

杜 也就是说，那时候外科的概念很大，包含了现在的很多科。那是不是有很多东西需要重新学习？

董 当然了。我一方面跟老医生们学习，一方面自学。

杜 我看材料上说一开始您还比较自信，但是在工作中发现知识不太够用？

董 医学院学的东西只占工作中要使用的知识的百分之一，所以我必须赶快学习。还有五官科的气管切开术，那个时候有个白喉病人，白喉就是喉咙的水肿，会影响到呼吸，堵塞器官，那时候白喉病小孩子送过来，情况很紧急，晚上急诊开刀，把气管切开，开个洞，放根管子进去，然后他能呼吸了，过一段时间白喉也好了。当时一个比我高一届的医生带我做了一次，第二次就我一个人开了，也开了十几个。

杜 那时候骨科的病主要是什么？

董 骨折还有骨结核病。因为旧社会营养不好、卫生条件也不好，所以会得骨结核病。结核这个病，很容易传染，肺结核病有时转移到骨头里面去了，叫骨关节结核，这个是很可怕的，会造成运动系统功能不好，甚至瘫痪。所以开始一个阶段，我还要应付这些很广泛的外科疾病。

杜 那第一次做手术，应该是老医生先示范吧？

董 先是他们带我做，做了一两次以后自己做。

杜 那个时候博习医院病人多不多？

董 病人还是能容纳的，因为当时到医院来看个病也要很多钱的。

杜 那么忙的话您还有时间到图书馆去？

董 肯定要去的。因为白天碰到的病情不知道，逼得自己去找资料看。我当时每天晚上12点才睡觉，而且星期天是最好的学习时间。那时候，周末休息是一天。星期六晚上，我有时候有业余活动，比如去歌咏团当指挥。除了这个晚上外，星期天是学习的时间。

杜 您当时这么下功夫去学习，对您后来有什么影响呢？

董 我在头三年到四年中，主要的工作就是应付骨头关节外科、皮肤科、性病科、五官科，甚至麻醉科的问题，我把它们都弄会了，所以就打下了一个好的基础。

博习医院的图书馆

杜 您说的学习是去哪里?

董 我当时经常去的是我们医院的图书馆。当时的博习医院图书馆里，有很多国外的医学杂志，很早的像20世纪20年代的国外杂志都有，1945年以后的就更多了。书也是很多，内容很广的，像骨科的，就包括大骨科、关节骨科、膝关节、髋关节……所以图书馆我是经常去的，书籍是我吸收营养的最主要的来源。我每天晚上12点以前几乎不会睡觉的，星期天也不出去玩，星期天更是我学习的最好时间，因为不用进病房了。

杜 那在图书馆的学习对您的帮助是什么?

董 帮助很大了。学习的结果就是，我参加工作第一年就写了一篇文章，第二年又写了一篇文章，第三年写的文章在《外科学报》公开发表了。所以，实际上学习对医生的工作来说是最重要的，医学院学的只是1%，99%要靠工作中再学再看。

杜 前面写的那两篇文章有没有发表?

董 头两年我写的文章没发表，我自己看看。第三年的文章发表在南京的《外科学报》上，那篇文章叫《硫苯妥钠的静脉内麻醉法》①。

杜 也就是说，您发表的第一篇论文是关于麻醉的?

董 是的。

杜 现在您还能找到吗?

董 找得到的，我保存了一份，给你看看。

杜 哦，您的单位署名还是苏州博习医院，那这篇文章主要是关于什么的?

---

① 发表时的论文名为《硫本土钠的静脉内麻醉法》。

硫本土鈉的靜脈內麻醉法

董天華

蘇州博習醫院外科

外科學報 1951年11月

董天华发表在1951年《外科学报》上的文章

董 这篇文章主要介绍了一种比较新的麻醉药品、麻醉的原理、麻醉前的准备、麻醉的分歧、注意事项以及怎么来观察病人，麻醉对身体其他器官的影响等，写得很仔细。这篇文章和其他文章不一样，就是没有参考文献，等于说我是把这个药的整体内容翻译过来了，究竟参考了多少本书，我也没印象了，也许还有些麻醉科的书，包括药品里的说明书。

杜 您还记得当时为什么要写这篇文章吗？

董 一般情况下，我们都做常用的乙醚吸入麻醉，还有局部麻醉、腰椎麻醉，全身麻醉就是拿一个面罩给你呼吸呼吸，吸入麻醉病人难受得很，对呼吸道的刺激也很厉害，而且要一刻钟、20分钟以后才能动手术。后来发现可以用管子插到气管里面，接上麻醉剂，麻醉剂里有氧气也有麻醉的药物，通过这种方法来控制病人的呼吸。当时在博习医院，手术室有这个东西但是没有人用。我们图书馆里有一些关于麻醉的书，那我就自学吧，于是就按照药品上的说明和书上的指导，开始尝试这种新的麻醉法。第一次的插管是我完成的，拿个喉镜管子插到气管里面去再接上麻醉剂。

还有一个方法就是用静脉药水，往静脉里面打，打进去让病人很快就睡着，麻醉药一拿掉，两三分钟就醒过来了，这个药药库里也有，但没人用，我就看了书，使用成功了。相比较过去的麻醉法，这个方法见效比较快而且作用时间不长，副作用比较小，对呼吸道也没什么刺激，所以适用于日常的手术，特别是范围比较小、时间比较短的手术。

我把这种麻醉法写成了一篇文章，讲了这个麻醉第一期是什么情况、有什么并发症、怎么来观察病人，投到《外科学报》上，很快就登出来了。我一个骨科医生，参加工作两年以后，发表的第一篇文章是关于麻醉方面的，想想也蛮特别的。不过麻醉也是个基础，外科中的一个基础。

杜 您是怎么发现这样一种麻醉方法的?

董 当时医院的仓库保管员说，仓库里有很多麻醉用品，你来看看。我去一看，哎哟，很多，还有怎么用法，药品上面都写得很清楚。第二次世界大战以后，UNRRA，也就是“联合国善后救济总署”，送给博习医院很多医疗物质，其中就包括好多麻醉剂。我看了药品说明书以后再参考图书馆的一些书，才写成这篇文章，而且在临床上就应用这个麻醉法。

杜 也就是说，这些药品来自当时联合国的善后救济总署，给到医院以后因为全都是英文的说明，所以很多人不会用，您去药房里发现了这些药。那当时发这篇文章前是不是要经过试用啊?

董 用过的，写这篇文章以前已经用了。

杜 您把那些药按照它们的用法，使用在做手术过程中，然后发现效果很好，您就把它写出来了?

董 有很多优点：病人没有痛苦；没有不良反应；很容易控制；手术时间短，拿掉后两三分钟就醒过来了。

杜 骨科大夫写麻醉方面论文的好像不多吧?

董 大概没有的，现在更少了，因为现在分科分得更细了，那时候麻醉也是外科中间一个小的分支。

杜　这个刊物在当时是什么级别的?

董　《外科学报》是南京总医院主办的。那时候就是《中华医学杂志》《中华内科杂志》《中华外科杂志》，还有一个《外科学报》，全国就这几个医学方面的刊物。

杜　也就是跟外科相关的顶尖刊物，那当时刊登出来是很不容易的啊。

董　那时候写文章的人很少。

杜　后来有没有别人看到并跟您提起过这篇文章?

董　没有，忘掉了，大概不会有什么人。

杜　后来这个新的麻醉法是不是就得到推广了?

董　是的。那时候我记得有一次，苏州市公安局的一位局长，他的骨头断掉了，请上海的骨科医生来我们医院动手术，我就用了静脉麻醉，一个小时手术结束后，他就醒过来了。

· 他在国外进修的时候，有很多资料和文章，他一批一批给我看，过了两个月收回去，再给我换一批新文章。

· 方先之教授办的这个培训班，被称为『中国骨科医学的黄埔军校』，从这里出来的医生，后来都成了全国各地医院骨科的领军人物和骨干。

· 去天津以前，我看到医院图书馆有两本英文版的教科书，我就把这两本书带过去了。整个一年的学习过程中这两本书我都看完了，它们对我帮助很大。

· 在天津学习14个月，中间只回来了一次。

· 对我影响最大的三个人，第一个就是方先之，另外两个是陈明斋和我的伯父董承琅。

陈明斋的培养

杜 您当时作为一名刚参加工作的医生，除了自学，有没有谁对您有过帮助或指导？

董 那当然有。之前说，我的伯父对我走上学医道路影响很大，工作以后，有一位陈明斋[①]副院长对我帮助很大。

杜 您提到的那位陈明斋副院长是怎么影响您的？

董 陈明斋是1949年去美国进修的，1950年回来以后当外科主任。他在国外进修的时候，有很多资料和文章，他一批一批给我看，比如这个题目有五篇文章给我看，另一个题目有八篇文章给我看。过了两个月他收回去，再给我换一批文章。等于说他是有目的地增加我对外科的比较广泛的新知识。那时候我们看不到国外杂志，国内也只有《外科学报》和《中华医学杂志》两种，我们只能看到这两个东西，很少的资料，所以说他是把我作为一个培养对象定期地帮我充实知识。

杜 他的这些文章从哪里来的？

董 到美国去进修的时候，他跑了好多地方，到一个地方，他就从别人那里把新的资料拿过来，有好多是骨科的，也有好多全身有关的，其他科的。

杜 这些文章全是英文的吗？

董 英文的。

杜 陈院长他是什么科的呢？

董 普外科。

---

① 陈明斋（1911—1997），江苏苏州人，著名外科学家，1939年毕业于协和医学院，获医学博士学位，1949年留学美国，1950年回国，历任苏州市第一人民医院外科主任、副院长，苏州医学院教授和苏州大学附属第一、第二医院外科主任、副院长，苏州大学附属第二医院院长。——王馨荣：《陈明斋教授逝世》，《苏州医学杂志》，1997年第4期。

杜 那陈院长除了定期给您文章看，还对您有什么影响？

董 他跟我一起编写了一本书——《外科学简史》。从开始写到中途，陈明斋院长过世了，还有一部分普外科的内容没写完，所以医院里就开了一次会，我选了几个普外科年轻医生，继续完成了一小部分普外科的内容。

杜 陈明斋院长是哪一年去世的？

董 1997年。

杜 这本书是在他去世以后出版的吗？

董 对，书没有写完，他就去世了，我就承担起了后续的组织编写工作。

杜 1992年开始组织写的这本书，1997年他去世，2000年编委会组成。当时为什么写这么一本书？

董 陈院长有个特点，他对历史很感兴趣，他对医学的历史更感兴趣，所以要写这本书。

杜 这本《外科学简史》在全国范围内有没有同一类的书？

董 没有人写这方面的书。

董天华（左一）等为陈明斋（左四）祝贺80寿辰暨从医52周年（摄于1990年）

杜 当时你们写这本书怎么安排结构、怎么分工的?

董 主要都是他(陈明斋院长)的,他写了大概50%的内容,包括他的学生。普外科里面有50%,30%是我写的,不单单写骨科,还写其他一些内容。

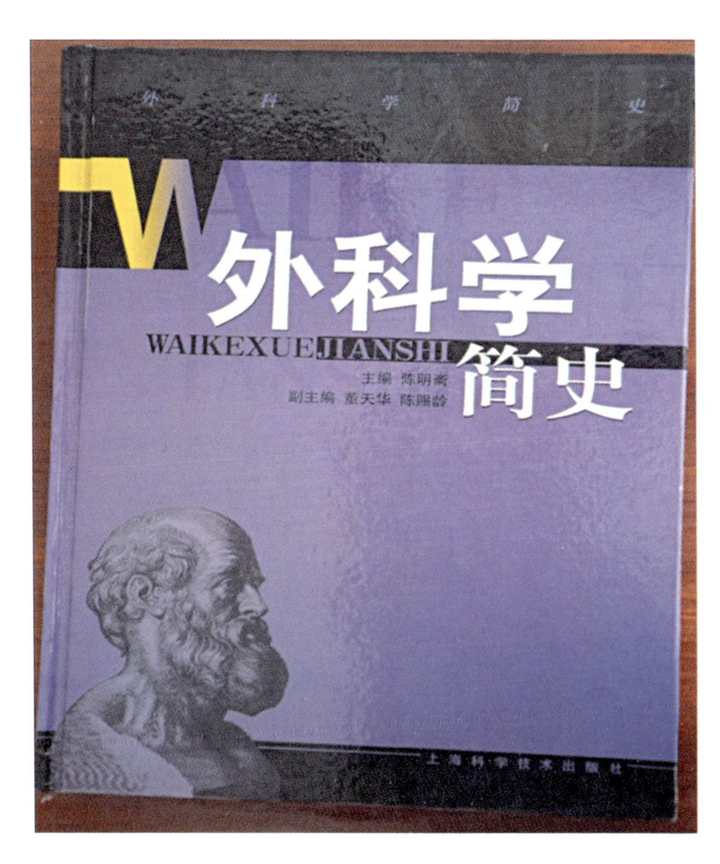

2001年出版的《外科学简史》

天津进修

杜　您刚才说三个人对您影响最大，伯父、陈明斋，还有一位方先之教授，他又是怎么影响您的呢？

董　方先之是我1954年去天津参加骨科进修班时的老师。

杜　当时为什么要派您去天津进修？

董　为了创建骨科。

杜　那又为什么要创建骨科呢？

董　因为过了几年以后，我们国家条件已经好了，不能太万金油吧？医生什么都会什么都不精的，所以要分科。外科要分科的，外科分科呢，除了普通外科，都要更专业一些。普通外科其实就是其他科拿走留下来的，重点是胃肠道，还有一些颈部啊，或者其他。这是一个原因。第二个原因呢，就是骨科病人是比较多的。所以，那时候我的外科主任就想办法让我去天津进修骨科。1954年3月份就去了，那边的老师安排得很周到，有各种不同的学习形式，教给我们一个比较完整的骨科的专业知识。

杜　进修为什么是去天津？天津的骨科那时候很厉害吗？

董　到现在为止，骨科，天津还是最先进的。为什么呢？日军侵华时期，北京沦陷，日本人占领了北京协和医院。协和医院有一批医生，离开这个医院，到天津去工作，他们开了一个私人的医院，名字叫"天和医院"，等于说是天津协和医院吧。因为协和医院是我们国内最好的，那天和医院当然在当时也是很强的，其中骨科的带头人就是方先之。

杜　骨科进修班是方先之办的吗？

董　解放后，方先之提议要办全国的骨科医生培训，国家卫生部就采纳了他的建

董天华（前排右一）1954年参加方先之（前排正中）创办的天津医学院骨科进修班

议，于是，1953年，卫生部就面向全国招收医生，办一个全国性的骨科进修班，就办在天津，地点就放在天津市人民医院，方先之是作为主要的老师。他之前事先组织在其他地方收了四五个医生，训练了一年，因为这些人也不是骨科医生，跟他一起训练一年，一年以后办这个学习班。我去后就是在这些医生的带领下学习的，总的是方先之负责的。方先之教授办的这个培训班，后来被称为“中国骨科医学的黄埔军校”，从这里出来的医生，后来都成了全国各地医院骨科的领军人物和骨干。

杜 方先之教授是怎么教你们的呢？

董 他的教学方式很丰富的，不单是在病房里教教。每一星期有一个总查房，总查房就是说所有的医生都聚在一起，针对典型病人由他来讲怎么治疗、怎么诊断；每个月有一次临床病例讨论会，他会选取一个特殊的病人，包括病人所有的资料，影像资料、临床资料，大家讨论后发表意见。还有，每星期一、三、五的下午，方教授来看病，其他医生每天看的病人中，有比较疑难或者典型的，方教授都会结合病例集中讲解。比如说，怎么样接触病人、怎么样问病史、怎么样检查、怎么样来看他的影像资料、最后结论是什么病、怎么治疗。这个是整个一年的学习过程中让我印象最深的，而且是对我最有帮助的。病人来了怎么跟他接近、怎么了解情况、怎么样检查、怎么样诊断，这些非常实用。那么，一个星期三次，每次大概五个病人吧，一个星期就三五十五个病人，一年下来就六七百个病人了，所以各种病例都包括了。而且他也把他过去治疗的典型病人喊过来，告诉我们他本来是什么病，给他治疗后，现在怎么样，等等。所以我在天津学习的一年收获很大，回来以后就开始开骨科病房了。

杜 除了方先之教授教你们的，您那时候还有什么其他的收获？

董 去天津以前，我看到医院图书馆有两本英文版的教科书，我就把这两本书带到天津去了。骨科有两种情况，一种是创伤、一种是骨病，这两大类都包括在这两本书里了。

杜 这两本书，如果翻译过来，中文名应该叫什么？

董 一本叫《骨折和关节损伤》，一本叫《矫形外科学》。

杜 那这两本书对当时的您来说有什么帮助？

董 在整个一年的学习过程中这两本书我都看完了，它们对我帮助很大。因为我们去看病，这个病人讲出来的东西假如你没有概念，不知道是什么病，如果是很简单的，比如骨头断了还容易找的，但如果是很难的，那就不行了。那么，先从书本上面看，书本上描写一个病，临床上从来没有遇到过，我把它看一下，以后碰到这个病回去再看，一对照，就懂了。所以我在骨科方面的知识进步较快，就是因为这两本书。

杜 那其他同学有没有借您的这两本书看啊？

董 其他同学都没有的，那个时候我的同班同学里，懂英语的很少很少。有个从山东青岛医学院来的副教授，他也去进修了，他跟我比较谈得来，因为我们都好像知识方面要比别人丰富一点。因为看了这两本书，加上方先之教授的讲课培训，所以在这一年中间，我骨科方面的知识水平提高得比较快一点。

杜 当时去天津学了一年？

董 大概14个月。

杜 那时候从苏州到天津是怎么去的？

董 坐火车。平时呢大概十几个小时，1954年有一次发大水，坐了一天一夜。

杜 中间您能经常回来吗？

董 没有，就回来一次。

杜 14个月就回来一次？

董天华（二排左三）参加方先之（前排左五）举办的天津骨科进修班时的合影（摄于1955年）

董　是啊，因为那么远，来回一趟不容易。中间一次还是怎么回来的呢？医院派我爱人去南京考试，家里面就孩子一个了。我岳父给我发了个电报，我才请假回来。又回天津的时候，赶上发大水，火车走了一天一夜。

杜　现在看来，您的医学成就应该都是年轻时候打下的基础？

董　是啊，伯父董承琅影响我，使我爱上了医学，陈明斋院长有意识地培养了我，方先之教授极大地提高了我骨科的专业知识水平。所以说，对我影响最大的三个人，第一个就是方先之，另外两个是陈明斋和我的伯父董承琅。

· 1956年，医院把一间病房的一部分，作为骨科的病房，专职医生就我一个人。

· 我翻译了《骨折与脱位处理图解》，1960年出版，这本书非常实用，后来全国的很多骨科医生都把它当作手术指导手册。

· 1963年，我们骨科成功地接活了一例断掌病例，就是患者的手掌从中间断了，我们给他接起来。这是当时国内第一例成功的断掌再植手术。

· 从1974年起，我自己花钱订阅了两个版本的骨科专业杂志，美国版和英国版的，一直订到2001年，总共订阅了28年。现在我书房里还摆着合订本。

“骨科八大员”

杜 从天津回来以后您就开始创建骨科了吗?

董 1955年回来以后，有一个阶段是第一次全国的服兵役体检，全国第一次，所以也比较重视，要派比较得力的医生到江苏省苏北苏南好几个县去招兵，医院就把我派出去了，派我带一个组出去，到苏北好多地方，大概半年多。那么这一年等于说没有做任何业务工作。回来以后就是1956年了，医院就把一间病房的一部分，作为骨科的病房。过去外科一间大病房，什么科都有的，胸外科、脑外科；另外一间病房里面，眼科一半，骨科一半。现在我专门有一间骨科病房了，大概20张床，弄骨科，这个第一次是从1956年开始的。以后又慢慢地扩大，医院也在扩大，就有专门骨科病房了。

杜 那有了这个骨科病房，医生就您一个吗?

董 专职就我一个。我一个主治医生带了一个住院医生，主治医生下面有一到两个轮流的住院医生，其他就是实习医生了，带了好几年。

杜 后来人手慢慢增加了?

董 1960年，唐天驷主任来到骨科。他是1955年从南通医学院毕业的。唐主任从学校毕业以后，就被分配到胸外科了，那时候胸外科也是人才济济，可是他觉得没兴趣，就提出来要做骨科，我觉得很好。后来，陈明斋院长就让唐天驷主任也去天津进修了一年，同一个地方两个人都去学习，都是方先之的学生，在病例的诊断和治疗方法的意见方面十分统一。所以很快我们就把骨科病房扩大了，我是外科副主任。1968年，医院决定将所有医师都分别确定在不同的科室，轮转几年以后也就固定了，所以就又分配给骨科六个住院医生，我还分别送他们去北京积水潭医院、上海瑞金医院、上海第六医院等国内著名医院进修，骨科的临床业务水平得到迅速提高。所以那时候我们骨科八个人被称作“骨科八大员”。有好多医生也喜欢做骨科，中间有一个医生换了个科，但马上又有另外一个医生说他要来骨科，所以，我们骨科那个时候一直是八个人，持续了很长时间。

杜 这八大员都是谁呢?

董 唐天驷、朱国良、刘凯声、陈荣发、郑祖根、洪天禄、许立和我。

杜 为什么叫“骨科八大员”?

董 好像当时有一台文艺表演讲的是当时社会职业分工的“八大员”，如炊事员、保育员什么的……所以人家就借用来，说我们骨科是“八大员”。再加上其他的科认为我们骨科八个人都是实力很强，又都喜欢骨科，那个时候应该说骨科是最辛苦的，所以大家能够到骨科来，都有思想准备的，那么其他科的人就觉得，噢，你们这个实力都是很棒的，所以说我们是“八大员”。

杜 为什么骨科最辛苦呢?

董 骨科的急诊比别的科多，因为任何时间都会有创伤，白天晚上都会有。创伤不像其他的，比如说胃穿孔就是胃部有问题什么的，骨科的创伤涉及骨头，我们一个人身上有206块骨头，每块骨头都可能有损伤，情况复杂时有几根骨头一起损伤，有的时候一根骨头上中下不同部位的骨折也不一样，所以要比其他科更复杂一

2015年，“骨科八大员”中的六位再聚首，左起陈荣发、朱国良、董天华、唐天驷、许立、洪天禄

点，我们要多有一个思想准备，要遇到挑战的，事先没办法特别准备好如何来对病人进行处理。

杜 206块骨头出了问题治疗方法一样吗？

董 那不一样的，比如骨折还有不一样的骨折，有的是粉碎性骨折，有的是裂纹骨折，有的是多段骨折，这都不一样。所以处理起来脑子里面要好好地转几圈，想一想怎么样来处理这个病人。

杜 骨头的成分都是一样的？

董 成分是一样的，但处理情况有很多的复杂性。

杜 那你们骨科为什么力量这么强呢？

董 不断地加强业务学习啊。从那时候开始，我特别重视业务学习，不断提高我们的诊治水平。比如说，每周五晚上我们都要进行业务学习，举办读书报告、疑难病例讨论、联合读片会，等等。每天早上病区交班时，先是由前一晚值班医师报告急诊处理经过，然后由病房医师报告昨天收治新病人的情况。分组查房后，还要将住院病例已确定的诊断和手术名称写在黑板上，每周五上午我和唐主任一起确定下一周的手术安排和上台人员的名单（包括手术者和助手），并写在黑板上。我们也注意对较年轻医师医疗技术的培养，在担任主刀和助手的机会方面都能给予适当的安排。就这样，我们的各级医师都能各尽其责，骨科队伍得到逐步成长和壮大。

杜 那个年代里骨科治疗比较多的病主要有什么？

董 每个年代都有不同的病种，因为病种随着时代的变迁也不一样的。五六十年代，六七十年代，什么病最多呢？小儿麻痹后遗症。小儿麻痹后遗症也很复杂的，肌肉拿下肢讲起来也有好几条，有的时候这几条肌肉瘫痪，有的时候那几条肌肉瘫痪，造成的后果也不一样。

杜 小儿麻痹也属于骨科要治的吗？

董 后遗症是要骨科来治的。瘫痪以后，有的时候两块肌肉瘫痪，有的时候一块肌肉瘫痪，那么要考虑什么情况下要把它调整、矫正过来。还有感染，那个时候生活条件、卫生条件比较差，很容易出现感染，一般脓肿在肌肉里面、在皮肤上面多，更厉害的在骨头里面感染，就是骨髓炎，还有骨结核，那个时候还没有链霉素，还没有很好的治疗结核病的办法。所以有人讲，解放以前90%的中国人都有肺结核，肺结核传染很快的。

杜 肺结核能转变成骨结核?

董 对,转变成骨结核,还有脊柱结核,还有关节结核,如髋关节结核、膝关节结核等,这么多骨头的结核,所以也很复杂的。

杜 现在好像很少听说有小儿麻痹症这回事了?

董 小儿麻痹已经消灭了,在我们国内已经消灭了。

杜 当时为什么有那么多,后来又怎么消灭了?

董 那个时候没办法预防的。后来就是吃糖丸,大家一吃全部没有了,几年就没有了嘛,就消灭掉了。

杜 除了小儿麻痹后遗症,还有什么?

董 比较多的是手外伤。因为那个阶段,工厂里的很多机器的保护不够完善,很容易出事故,手外伤很多。手外伤也很复杂的,骨科病例里面大概五分之一的病人是手外伤,哪一节骨头断掉,哪几个肌腱断了,一刀下去哪几个肌腱、哪几根神经断掉,还有断肢再植。手外伤本来都是骨科医生弄的,手外伤在骨科的急诊中占三分之一,由于都是急诊手术,十几、二十几小时连轴转是很常见的,医生都是很辛苦的。现在都是机器操作多,而且安全保护措施也很完善,手外伤比较少了。

杜 手外伤当时也属于骨科?

董 手外伤那时候也是骨科的。在20世纪的60到80年代,我们的手外科技术也是非常辉煌的,1963年第一例断肢再植成功以后,又成功地进行了断指再植、拇指再造、游离皮瓣移植等高难度的手术,在国内也处于领先地位。前些年医院进行专业调整,将原有骨科业务中的手外伤转移给烧伤科,手外伤就不归骨科了。加上儿童医院骨科逐步壮大,我们院骨科的业务范围逐步缩小,那么我们就要在治疗的专业性和质量上不断提高。

杜 那怎么提高呢?

董 后来慢慢就把人体骨骼一分为二,中间的为脊柱,其他为四肢,骨科队伍分别在脊柱和四肢两大部分各自进行不断的创新。唐主任带的队伍主要研究中间部分,就是脊椎、腰椎、颈椎,脊柱方面,他主攻。我呢,就主要研究四肢关节,主要的是髋关节、膝关节、足踝关节和肩关节等,当然还有对骨质疏松等全身性疾病的研究。这两个比较多一点,因为从四肢讲起来,下肢的关节骨头容易损伤,因为它这个使用多、负重大,而上肢负担比较少。

杜 在那个年代，骨科的创办和发展一定遇到了不少困难吧？

董 那是肯定的。主要的困难就是怎么快速提高大家的技术水平，也就是说，大家要共同学习。所以，我除了要带头学习专业知识外，还要营造一个良好的学术氛围，带大家一起学习新技术、新方法。比如说，我建立了一个晨间交班读片制度，对到医院的每一个病例进行讨论，并一直沿用到今天。通过每天的讨论学习，潜移默化，使大家树立了现代骨科的意识，并得以发展提高，代代相传。

杜 学习的话，资料从哪里来？

董 当时国内几乎没有什么骨科方面的教材，为了让年轻医生尽快全面掌握骨科业务知识和操作技能，我先是尝试着用中文来写，写了一些基本的手术方法，请一位退休的女教师帮我刻钢板，印了一些本发给大家。

杜 那这个钢板刻印的书，后来留着吗？

董 找不到了。后来我看到一本英文书，这本书很有意思，有很清楚的图，还有简单的文字说明。它是讲全身二百七十几处骨折，哪一种应当怎么治疗，有图解，第一步用什么第二步用什么。我们人体全身有很多骨头，骨头有各种不同的骨折类型。看到这本书很好，我英文底子好，就把它翻译了一下。

杜 您翻译这本书花了多长时间？

董 花了一年的时间。当时我才33岁，我和我的一个同事徐庆丰合作。我记得那时候，我几乎每天晚上工作到深夜，连周末也没有休息。

杜 这本书出版时中文名叫什么？

董 《骨折与脱位处理图解》，于1960年出版。那时候国内没有中文参考书，都是英文的。这本书非常实用，遇到什么类型的情况，一翻书，根据图解，就知道每一

董天华的第一本译作《骨折与脱位处理图解》成为全国骨科医生的手术指导手册

步该怎么做，后来全国的很多骨科医生都把它当作手术指导手册。许多骨科医生在急诊室看了病人之后，在X光片还没有出来之前，先翻阅这本书，在几分钟内就可以了解到这类骨折的处理方法。

杜　那这本书给您带来了些什么呢?

董　这本书出版以后，我在国内名声就大起来了，所以如果说我在国内稍微有些名气的话，就是这本书起了很大的作用。

杜　现在您手上的就是这本吧? 好厚啊!

董　这是1962年再版的。第一版的时候，这本书厚得不得了，第二版要薄一半，因为用的纸张不一样了。

杜　这本书上怎么有图书馆的章?

董　这本书出版好多年之后，我发现自己都没有一本。没有怎么办呢，我想到图书馆可能会有的，到图书馆一问，结果发现那时候被图书馆当废书卖掉了。哎呀，我郁闷得不得了，后来我到骨科的石膏室叹苦经，我说我自己翻译的书到现在一本都没有，石膏室的一个医生说，他有本书没还掉，他给我了。现在唯一的一本书就是他没有还给图书馆的。

杜　当时这本书印了多少册？

董　你看一下，哦，是 4 000册，第一版4 000册，后来第二版又印了2 000册。

杜　除了出这本书，您当时在骨科技术方面还有什么进步？

董　也是从1960年开始，我们开始关注"断指再植"技术，就是一个患者，如果指头、手臂什么的，因为工伤或者别的什么原因，断掉了，那么怎么给他接起来，让他能够恢复功能，我们就学习这项显微外科技术。1963年，我们骨科又成功地处理了一例断掌病例，就是伤者的手掌从中间断了，我们给他接了起来。这是当时国内的第一例断掌再植成功的手术。

杜　这个应该很不容易吧？

董　那是自然的。这个手术后，手背皮肤缺损，需要通过腹壁带蒂皮瓣覆盖创面才能保证再植手的存活。为了定期观察手指的血运，保证带蒂皮瓣的存活，我当时曾

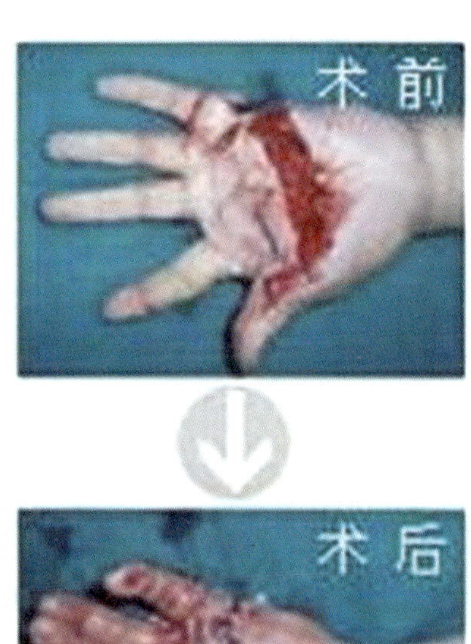

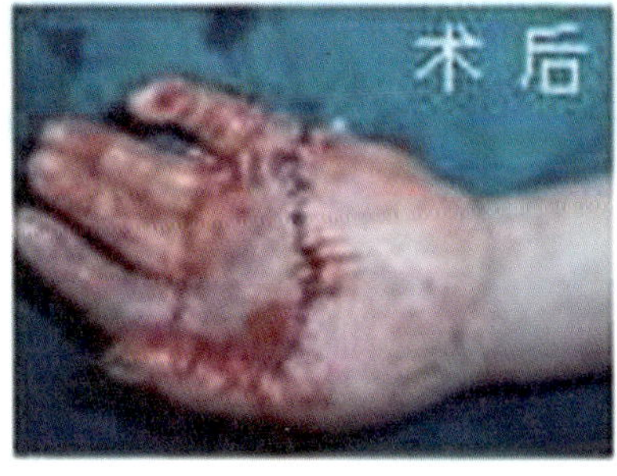

断掌再植

经连续36个小时在值班室里守候，以便随时进行必要的处理。

杜 那这个手术比较麻烦吧，一般要做多久？

董 时间倒没算，大概三四个小时吧。因为先要接骨头，用钢针把它固定，当然开始要清创，所谓清创就是弄干净伤口，切面要重新切掉。因为伤者来之前手指掉地上都污染了，受感染的组织要切掉，切面上所有的肌肉血管都要清理掉，露出一个新鲜的面出来，然后接骨头，支架撑好了，那就行了。第二步就是接血管，血管因为要时间的啦，缺血时间太长也不行。两条血管一个动脉一个静脉，主要血管一接通，接下来就是接神经，每个手指有两条神经，神经接好，就活了，这个手指头活了，那么慢慢骨头先长好，肌腱也连起来长好，就可以用了。

杜 血管很细很细的，要借助显微镜才能看到？

董 是。当时做这个手术的时候还没显微镜呢。

杜 那您用肉眼看啊？

董 肉眼看，年纪轻啊，还可以。

杜 那外科大夫的手应该很精确，要不然那么细的血管怎么能接上去？

董 那还是接成功了，说明我还是合格的。

杜 应该不只是合格，我觉得对医生的手的精巧程度要求很高。

董 当然技术上有一定要求的，不是每个人都能做成的。

杜 那这个技术是自己长期练出来的吗？

董 当然要练，有的地方会专门在动物身上练小血管的连接。我这里没有练，因为我平时已经很忙了，没有时间再做动物实验练习的。

杜 也就是说做这么精细的手术一定是有许多年的积累？

董 至少要有一定的基础。

杜 有的时候可能设想得很好，可是在操作过程中……

董 太粗心就要失败的，当然这种情况我们一定要保证它成功。

杜 除了断掌再植，您当时还做过哪些开创性的手术？

董 我做的第一个就是断掌，整个手都掉下来了，再给他接起来。再以后呢，显微外科发展了，有一个人他五个手指头都没有了，大概机器上毁掉了，只有一个手掌是没用的。所以我就想办法怎么来再造一个手，我就把他的两只脚，一只脚上取下一个大脚趾，接到手的大拇指位置来，血管、神经、皮肤、骨头都连起来了，另外一只脚取下两个脚趾，装在手的食指和中指位置，这样三根手指就可以动作了，这只手就能用了。这个在当时也算比较先进的。

杜 用伤者本人的脚趾吗?

董 本人的。别人的不行,其他人的骨头可以接的,但是皮肤不行。

杜 那他本来手没了,再把他的脚趾去掉……

董 脚缺个脚趾还是能走的,脚趾接到手上能做很多事,吃饭、写字都可以了。

杜 也就是说,您给他造了一个三个指头的手。那么,怎么接呢?

董 把伤者自己的左足拇趾和右足的第二第三足趾接上去。我们清创以后,把骨头先连起来,再把血管连起来,血管一接通,血液循环了,活了。再把每一根手指的两条神经缝起来,都是用显微镜看的,血管内径1mm,1mm要缝4针,主要血管一接通全部都活了,神经要一根一根接的。

杜 但是做手术这件事情不能保证万无一失啊,还是有一定风险性的?

董 对。

杜 那这种有风险性的手术,您当时没有什么顾虑吗?比如万一不成功的话……

董 像这种情况,假如说失败了,病人也不会把医生怎么样,跟其他毛病不一样的。他已经没有了,你把它重建起来,你说一定要成功哪个人可以呢?伤者他也不会这样要求的,只能说听天由命,不是说你医生弄成功就好,弄失败就不行了,不是这样的。当然,那个时候大家对这件事都是特别重视的。

杜 您说的重视指的是?

董 包括手术室设备的要求,包括有的时候领导在手术室外面等好消息。

杜 也就是说,这样一个手术是全医院都很重视的,因为是开创性的或者说探索性的手术?

董 是的。

杜 那你们那时候做之前和做完之后都要拍照片吗?

董 是的,这个图就是我们当时拍的手术前后对照的照片。

杜 拍照都是你们医生来完成的吗?

董 当然我们自己拍的,因为要留下资料,做成幻灯片,讲课也要用的。

杜 那您这几项手术,在全国有什么影响吗?

董 那当然是影响很大了,不光是在国内,后来80年代我到法国进修,法国的同行听说我们有这样的手术,还让我在学术会议上宣读了论文,并发表在法国的《外科》杂志上呢。

声名远播

杜 您刚才提到，1960年您翻译出版了《骨折与脱位处理图解》这本书，然后就在国内有了名声，您怎么感觉到自己有名了呢？

董 后来参加学术会议时，全国各地的骨科医生，有的见了我就说，董老师，您也是我的老师，因为我做手术就是看着您的这本书学的。

杜 您在医学院讲课，可能当面教的学生有限，但是一本书传播出去，那就是无数的学生了。

董 是的。有一次，山西大同矿务局医院请我去做讲座，我问对方，你怎么认得我的，他说就是通过你这本书啊。

杜 当时邀请您的这个人是什么人？

董 是当时大同矿务局医院的一位骨科医生。他说他看过我的这本书。

杜 那您去了吗？

董 去了呀。那时候是1974年，还没有电话呢。他写了一封信告诉我在苏州坐哪一班火车到北京，然后当天晚上坐哪一趟火车到大同。他说，你到了大同火车站以后，我带帽子，手里拿一张报纸，到站里来接你。结果我到了大同车站以后，找不到他，当时车站里也没有几个人，我一边四处张望寻找，一边心里想，这举目无亲的要是见不到人怎么办啊？然后我就出站了，站在出站口又等。正在这时，我听到车站里广播："苏州来的董天华教授在哪里？请到门口来……"我就走过去了，接我的人一见我，说："啊？是你啊！"当时我才48岁，对方也不知道我的年龄，还以为我是白头发呢，所以在车站上找不到我了。

杜 他写信邀请的您？

董 是啊，那时候没有电话的。他写信告诉我怎么坐车、怎么接我，都是写信联系，现在看起来是不可想象了。

杜 这真的蛮有意思。

董 还有一次，上海有一个国际学术会议，日本的骨科学会会长，叫小野启郎，用英文做的学术报告，会上没有人能够翻译，后来叫我去做翻译的。小野启郎回去以后给我寄来了他主编的刊物，他是日本骨科的第一把手，他主编的刊物是国际有名的骨科刊物。

杜 为什么请您做翻译呢？

董 那时候，上海呢，不同医学院用的外语都不一样，同济医学院是讲德文的、震旦医学院是讲法文的、上海医学院是讲英文的。可是上海医学院正好没有人去参加这次会议，因为主办方是另外两个医学院。我去参加时，发现没有人会翻译英文，当时很尴尬了，后来有人说，那个董天华会英文，所以主办方就让我上去做翻译了。后来吃饭的时候，上海骨科学会会长让我坐在他和日本教授的中间，我说，你怎么让我坐在中间呢？这个会长就跟日本教授讲，我是他的老师。实际上就是因为这本书，他称呼我为他的老师。

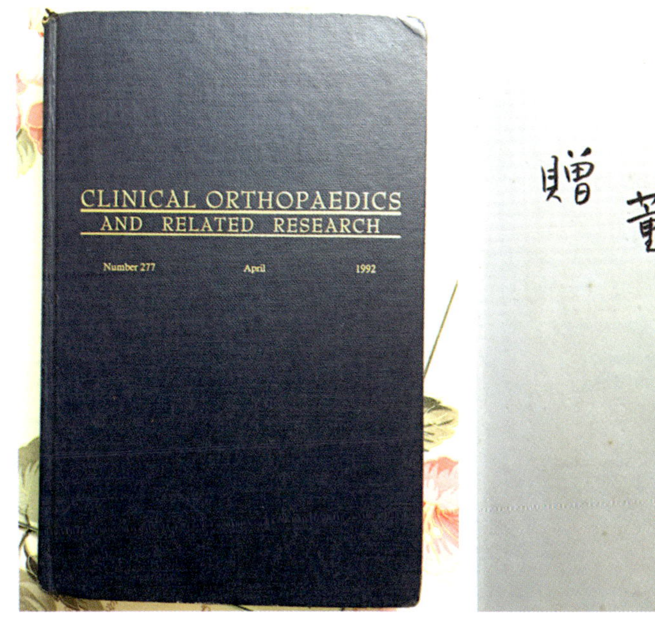

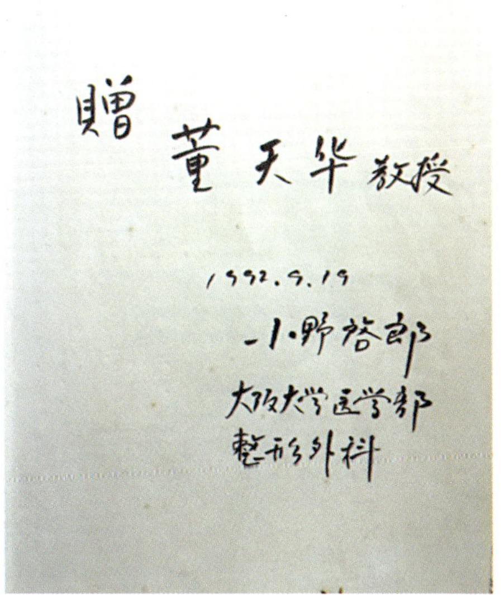

1992年日本骨科学会会长小野启郎寄给董天华的刊物和扉页题字

杜 小野启郎寄给您的这本刊物的主要内容是关于什么的?

董 股骨头坏死。

杜 哦，小野启郎是客座主编，是英文的，那是英国人印的吗?

董 美国人印的。因为日本人的医学课是用英语上的。当时吃饭中间，我们有交流，我说我对股骨头坏死有兴趣，所以他回去之后就把这个刊物寄给我参考，这其中三分之一的内容是关于股骨头坏死的。当然这个里面也有他的文章，他也有一些工作的，国际刊物能够请他做客座主编，说明他很厉害的。那时候他是日本骨科协会会长，所以在日本还是有一定学术地位的。

英文功底

杜 因为英语好，您结交了国外的专家，之前您还在图书馆查阅大量的英文资料，翻译了英文的骨科教材，那您的英文为什么会那么好呢？

董 这个可能就是小时候环境影响的原因。前面说了，我的祖父精通英、法两种语言，曾在英国爱丁堡大学用英语演讲，并获得这个学校的名誉教授称号；我的父亲大学时也学的英语系，后来在一家外企工作，专门负责跟国外联系沟通的业务。日常生活中，父亲也会指导我学习英语，譬如，给我指出某个单词或句子不是像教科书上那样，而应该灵活运用什么的。

杜 您上学和工作期间也学英语吗？

董 我的英语主要还是在学校里学的。我的英语老师是一位美国人，上课都是用英语，这给我的英语听力打下了基础。上大学时，医学院的老师们上课也都是用英语，不讲中文，后来在中山医院实习期间，医生之间也都是讲英语，所有医疗文件、病例讨论和查房对话等都是用英文。大学毕业到博习医院工作后，当时的院长是一位美国人，解放以后他当外科主任，我们每天在医院也是用英语交流，做的各种病历记录也全都是英文的。1952年，两个解放军军医来参观摸底吧，两年半以后才把英语改成中文的，所以我讲起英语来很方便的，要改成中文还比较困难，一下子想不出来。

杜 其实是因为要用，所以英语才会那么好。那您觉得英语好对您成为一个好的医生具体有哪些帮助？

董 那帮助很大了。因为英语好，我能够看懂我们图书馆里的各种英文医学杂志，还有各种书，那么我可以遇到什么问题及时去查资料，找解决的办法；英语好，我才能根据药品上的英文说明，结合英文书，采用新的麻醉方法，还写成文章发表；我去天津进修时看完了两本英文骨科教材，对我帮助非常大的；还有，我才能翻译那本《骨折与脱位处理图解》，才能让国内的骨科医生都有这么直观的手术指导。总之，英语是了解世界上医学发展水平和最新进展的很重要的工具。

杜　那60年代以后，医院不可能再像博习医院时期那样得到那么多的外文资料，您是怎么学习的呢？

董　我还是要想办法看国外的刊物。从1974年起，我自己花钱订阅了两个版本的骨科专业杂志，美国版和英国版的 *Journal of Bone and Joint Surgery*，影印版的，一直订到2001年，总共订阅了28年。我书房里还摆着合订本，我们去看一下。

杜　哇，这么多啊。

董　是啊，总共86套。

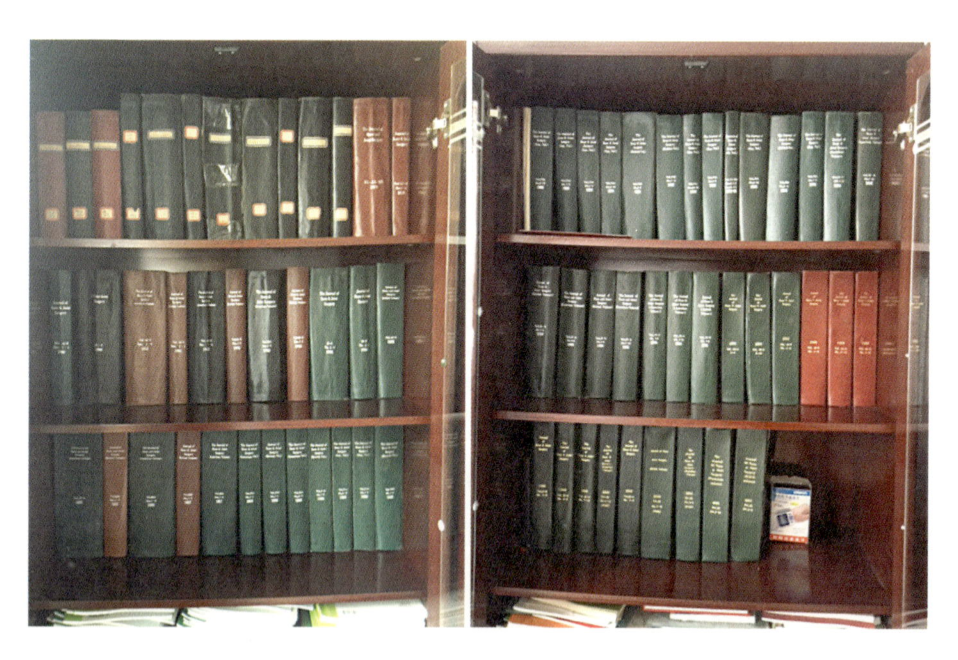

董天华书柜里保存的美英骨科杂志合订本共计86套

杜　这个杂志的中文名字叫什么？

董　《骨与关节外科杂志》，从1974年开始，我每年就订美国版、英国版两种，一直到2001年为止，2002年以后，由于我们国家不能再影印外国原版杂志，我就不能订了，就停了。都在这里，本来是一本一本寄过来的，后来我都装订成册。装订成册后，美国版是每年两册，英国版是一年一册，所以，我这两个书橱里装的都是美国版和英国版的《骨与关节外科杂志》。

杜　从哪里影印的？

董　上海有个专门的外文出版社吧，可以出版的。

杜　就是出版社影印好了，您订的？

董　订的。大家都可以订的，美国版一年12期，英国版一年8期。

杜　内容不一样吗？

董　当然不一样。英国版杂志比较精炼，美国版的比较大，文章面面俱到，两个各有特点的。

杜　图书馆不也有订阅吗，您为什么还要自己订阅呢？

董　图书馆里有的，但是我不可能一天到晚坐在图书馆里看，我订阅了，就可以拿到家里来，定定心心地看，有空就看，而且前面、后面找起来容易。比如这个2001年的杂志上，它有一篇文章参考了几年以前的，我再去找，仔细看看，原来怎么讲，现在怎么讲，等于我对国际上的骨科的进展都紧跟着了。

杜　您那时候是每一本都看的吗？有时间看吗？

董　有时间看，有的题目关系不大的就不看了，有关系的就很仔细地看。

杜　有没有在上面做过标记什么的？

董　标记我倒不做的。看了脑子里就记住了，就看大概趋势吧，哪些是新的东西。它里面的每一篇文章都有参考文献。

杜　您会根据参考文献再看原来的文献吗？

董　有必要的，我们医院图书馆老的杂志都有的。

杜　那您看这些杂志的收获是什么？

董　通过这些英文杂志，我可以及时地了解国外骨科的最新动态，还有一些不常见的病的诊断和处理，还能及时了解各种疾病的诊断和新的治疗方法。有时候临床上遇到某些疾病，也不知道该怎么办，我就回来查资料，一般可以从杂志上找到必须了解的知识，在治疗方法上也可以立即找到参考文献。

· 大概在1966年到1967年，苏州有武斗，我们就逃到上方山疗养院去住了差不多一年吧。

· 陈明斋院长被罚扫地、打扫厕所，还有一个阶段，在门诊弄几个长凳示众，胸前挂牌子，上面写黑字。

· 从1956年到1973年，18年间，每一个病人手术后我都叫他们来复查，一直复查两年以上，总共复查了259例。就我自己知道，也不公开跟别人讲。

· 1976年文章发表，我没有敢署名。虽然不敢写名字，但我工作照做。

武斗冲击

杜 五六十年代，您去了天津进修，还组建了骨科，还做了那么多开创性的手术，还翻译了书，可以说在您三四十岁时，您已经取得了很辉煌的成就。那么后来到了“文革”期间，全国到处都在搞阶级斗争、运动啊什么的，很多正常的社会秩序受到了冲击，不知道苏州当时情况怎么样？医院和您有没有受到什么影响？

董 那个时候苏州也一样，医院也受到一些影响，而且医院的学术权威也被打倒了，但是我当时比较幸运，没有受到冲击，也还做了些事情。

杜 关于当时的具体情况，您能讲一讲吗？

董 有一个阶段，大概在1966年到1967年，苏州有武斗，我们就逃到上方山疗养院去住了差不多一年吧。

杜 为什么要到上方山？

董 我们医院和苏州医学院里大部分都是支持苏革会的——苏州市革命委员会，所以叫“支派”；另外一派叫“踢派”，踢开党委闹革命的一派。支派和踢派到一定时候要武斗了，苏州医学院一个大楼上面，二三百个人生活在二楼以上，被他们围困了，下楼的所有楼梯都被堵上了，外面打枪，有好几个人被打死的，许多人被围困在医学院大楼里面。

杜 是谁围困谁？

董 “踢派”围困“支派”。

杜 您那时候还在医院是吧？医学院这边的事情其实是不知道的？

董 我听说的。后来说不行了，在医院也不安全了、在家里也不安全了，就出去了，随着医院到了上方山疗养院去住，上方山也有医院的，也开诊的。

杜 那时候在上方山待了多久？

董 差不多一年吧，以后就稍微好一点了。

杜 那您上班要跑到上方山那里？

董 就住在那边了，我们带着儿子、女儿就找了一个病房住在里边。

杜 那边那么多医生？

董 那边自己的医生大部分都走掉了，因为上方山疗养院是上海一个什么工会的疗养院，疗养院病人都不多的，疗养院嘛不疗养就没有人了。

杜 医生转移到上方山了，医院的病人也跟着过去吗？

董 少数了，病人也有的，不太多。

杜 那比较乱的情况下，您的这个学术研究……

董 那没办法了，没书看了。

杜 中断了多长时间？

董 后来又搞“大联合”，就回来了，从1966年到1967年，一年左右的时间。

杜 那时候您还做什么研究吗？

董 谈不上了，看病都没办法，开刀都不能开了，医院等于关掉了。

杜 还上班吗？

董 不上班了。

杜 就在家里？

董 在家里一段时间吧，回来以后就恢复了。因为我们医院大部分是“支派”，所以“大联合”嘛，“支派”和“踢派”联合在一起了，工作就恢复了。

杜 在那种情况下，您有没有受到一些冲击呢？我看过一些书和电影里，那个年代好像医学的权威专家都是被批斗的？

董 是啊，比如方先之，我的老师，唉，被斗得厉害，到了“文化大革命”中期，被罚去推车子。我比较幸运，没有受到冲击。因为我参加工作正好是1949年以后，是新中国了，而且那时候我比较年轻，资历还没达到，没有引起造反派的注意。

杜 虽然您没有受到直接冲击，但是像做研究啊、写文章啊，好像也不那么自由了吧？

董 那是的。当时大广播里天天喊，说书读得越多越蠢。

杜 “读书越多越反动”，我也有点印象。

董 是。本来在“文化大革命”前，写文章、发表文章的人就很少的，后来在“文化大革命”中间，想办法做一些文字上的东西，就更难了。

“不敢声张”的研究

杜 我看资料说，您在那段时间仍然坚持做研究？

董 1956年医院建立骨科病房后，我开始关注一种病，叫腰椎间盘突出，这个是骨科病里面比较常见的，会对病人造成比较大的影响和痛苦，容易导致不良并发症，甚至瘫痪。国内也没有这方面的总结经验。那么，从1956年开始，我就给每一个动手术的病人都建一个记录单，记录这个病人手术前的年龄、姓名、工作、哪一条神经受损害了、腰椎片子拍出来什么样子等，一系列的临床资料。另外用什么方法做手术、骨头咬掉多少、椎间盘拿出来以后称的重量，以及椎间盘和神经根之间的关系和临床表现，都详细记录下来。从1956年到1973年，18年间，每一个病人手术后我都叫他们来复查，一直复查两年以上，总共复查了259例。259个病人都是两年以上一直在门诊随访，跟踪看手术效果怎么样。那是个什么时代啊。

杜 这个工作等于是您在偷偷做吗？

董 这个工作也不叫偷偷摸摸的吧，但就我自己知道，自己认真地做。259个病例的资料，我把它总结出来，1956年到1973年总共18年，前8年、后8年，中间断了一小段，后来我还是坚持了。别人说你搞什么东西，还搞科研？我不相信，我说这个事情我还是要坚持，后来到1976年文章发表了。

杜 哦，就是这篇文章？《腰椎间盘突出症手术治疗259例分析》……

董 这篇文章你看作者是谁？

杜 苏州医学院第一附属医院骨科？

董 以科室名义发表的，没有我个人的名字。在那个年代，我只能把工作做好，不要名、不要利。这篇文章当时登在《中华医学杂志》上，它是综合性的杂志，

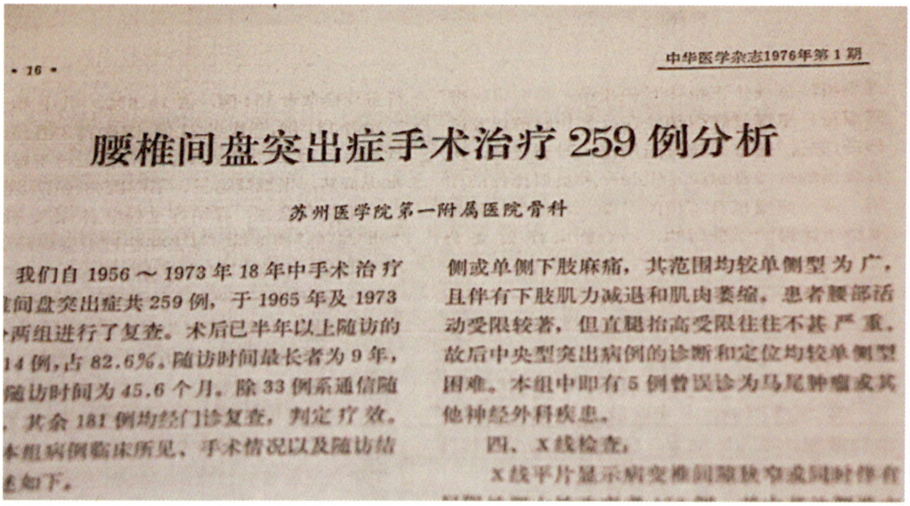

• 16 •　　中华医学杂志1976年第1期

腰椎间盘突出症手术治疗259例分析

苏州医学院第一附属医院骨科

我们自 1956～1973 年 18 年中手术治疗
间盘突出症共 259 例，于 1965 年及 1973
两组进行了复查。术后已半年以上随访的
14 例，占 82.6%。随访时间最长者为 9 年，
随访时间为 45.6 个月。除 33 例系通信随
，其余 181 例均经门诊复查，判定疗效。
本组病例临床所见、手术情况以及随访结
如下。

侧或单侧下肢麻痛，其范围均较单侧型为广，
且伴有下肢肌力减退和肌肉萎缩。患者腰部活
动受限较著，但直腿抬高受限往往不甚严重。
故后中央型突出病例的诊断和定位均较单侧型
困难。本组中即有 5 例曾误诊为马尾肿瘤或其
他神经外科疾患。

四、X线检查。

X线平片显示病变椎间隙狭窄或同时伴有

董天华发表在《中华医学杂志》1976年第1期上的文章，文章没有署自己的名字

能登这样没有作者的一篇文章也是不太容易的。这件事反映了那个时候知识分子受到的普遍影响。虽然不敢写名字，但我工作照做，有的人连工作都不敢做了。

杜　那您不怕什么人来斗您吗？

董　没有被斗，我很幸运。比我年长的，比我早毕业的几个老的主任都受到冲击了。因为我是刚解放时毕业的，在旧社会我没有什么工作，所以我还是比较幸运的。

杜　这个研究为什么要经过这么长时间、这么多病例的考察？

董　时间越长、病例越多，科学性越强。259个病人而且至少连续两年随访，观察开刀以后两年效果怎么样，这个是很少有人做的，也是有一定价值的。当然，这些病例并不全是百分之百治好的，中间还有一些病人有其他的并发症，或者还有些病人进行了第二次手术的，这些情况我另外还有一篇文章，就是总结再手术的病例，中间有的是第一次手术做得不好，这个是极少数的，有的是这一节坏了，另一节也坏了，再手术治疗，对此我也写过一篇文章，《再手术腰椎间盘突出》，在我们国内也是首发的。我那时候就是默默无闻的，觉得我的这些工作一定要好好总结，从中吸取教训，总结经验，给大家也有一个参考作用。

杜 那通过这些关于腰椎间盘突出的研究，您得出的结论是什么？

董 手术证实的是椎间盘突出诊断要点，符合这些要点就可以手术；诊断以后的手术适应症，什么情况可以手术，什么时候可以保守治疗；第三个是手术方法，现在叫微创手术，骨头上真正咬掉一小块，开一个小窗，把椎间盘突出的坏的部分拿出来，过去的做法是一大片骨头都拿掉，但这种做法后期会对腰椎的稳定性和功能有影响。我都是尽量做到用最小的创伤，获得最良好的效果。这个手术方式一直沿用到现在。

杜 这篇文章很有意义，因为这么长时间的观察不是一般人能做的。

董 时间越长、病例越多，说明科学性越强。如果一共就几十例，没有人会重视的。

救援唐山

杜 看资料上说，1976年唐山大地震，附一院还派您去唐山抗震救灾，当时的情况您能否介绍一下？

董 当时我50岁吧，医院派了一个小组，我是年龄最大的。

杜 当时为什么派了您去呢？

董 那个时候是报名的。大家来报名，每个科报名。我当时是主任嘛，就带头报名啊。

杜 那到唐山做什么呢？

董 救灾啊。有好多人骨头断了，骨科医生是当时最紧缺的。

杜 去了多长时间？

董 一个多月吧。

杜 当时怎么去的？

董 那个时候我们先是乘了24小时的火车到北京，当晚就换乘卡车，坐了整整一晚上到达唐山。坐在卡车上，我年纪大了不容易瞌睡，旁边两个年轻人都倒在我身上，我睡不着他们睡着了。一路上我们看到路边有很多尸体，还有大批从唐山逃往北京方向的灾民。

杜 当时的情况一定很乱，条件很艰苦吧？

董 那个时候没有东西吃的，小菜就一根萝卜干，我跟一个护士，两个人一人一半，吃一顿饭。我们医学院派了一个厨师一起去的，但去了发现根本就是没东西烧呀。

杜 到唐山以后，是到临时组建的医院里吗？

董 那时已经没有医院了，我们就在公路旁边搭的帐篷。但是找的地方不对，搭的帐篷下面没有开沟，下雨水都进去了，醒来的时候已经泡在水里了！那个时候我们

1976年，董天华参加赴唐山抗震救灾医疗队，获优秀队员称号

医疗队是有帐篷的，但是病人没有帐篷，病人躺在大板车上，身上盖一件雨衣。我们进去给病人看病，就要钻进去的。后来逐步找到可以做简易手术室的房子，病人被安排在附近小学没有被震塌的房子里了。

杜　那个时候去唐山肯定有一定的危险性吧?

董　那肯定的。那个时候唐山死了多得不得了的人，整体的七层楼都塌下来了。楼里没有一个人活的，惨不忍睹！我记得有一次在临时搭的厕所里感受到余震，整个地面都在猛烈摇晃，当时想，如果再厉害些，也许我们都要被埋葬了！

杜　您也是当时亲眼看到了唐山地震受灾现场的，那些被救治的伤员有断胳膊断腿的?

董　是的，我们大约是地震发生后第三天到达的，大批伤员等着救治，我们没日没夜地干。后来又从别处拉来伤员，多数是骨外伤的，所以当时我特别忙。

· 我就跟法国的局长说，不要翻译了，我自己去搞吧。慢慢地，半年以后我就能很方便、很顺利地和法国人交流了。

· 我当院长那时主要就干了这两件事情：一个是职称改革，一个是造了两个病房——高级病房和烧伤科病房。

· 每星期三上午我到烧伤科病房去，用英语查房，查房以后再用英语做个小讲座。或者是我讲，或者是他们讲，全部用英语。

· 骨科的英语讲座都是我主持的，坚持了很多年。后来我年纪大了，走不动路，就雇了一辆三轮车，每周四活动时拉我到科里去。

· 我的学生绝大部分都是比较有出息的。一部分原因是由我带的，但主要靠他们自己。

法国进修

杜 当时是因为什么要把您派到法国去学习?

董 你们可能不完全了解,解放以后一直到80年代,院长都是陈王善继,医院里最老的院长,他是解放后就当院长的,从1949年一直到1980年吧。

杜 陈王善继是什么背景?

董 他是上海同德医学院毕业的,也是在苏州博习医院实习的。解放前,苏州博习医院医疗水平在国内还是比较先进的。上海有好几个主要的骨科医生,以及苏州医学院的副院长,后来到重庆医学院当院长的钱德教授,也都是在博习医院实习的。还有上海仁济医院的骨科教授周连圻,也是在博习医院实习的。所以解放前博习医院在国内还是小有名气的。

杜 改革开放后,情况有什么变化吗?

董 改革开放以后,知识分子开始受到重视。我们医学院那个时候是属于二机部管的,二机部是造原子弹的,他们就在医院里面物色院长候选人,我就被他们选中了。一方面是我年资也差不多了,我那时候55岁吧,实际上已经超过了他们原来要求的年龄。在一次党员干部会上大家投票,我们苏州医学院附属医院谁当院长最好,后来有一位干部告诉我,100%的投票都选的我,当然他们事先也可能造些舆论吧。

杜 也就是说,派您去法国进修,是为提拔您当院长做准备的?

董 是啊,我去法国主要进修的就是医院管理。

杜 您那时候会法语吗?

董 不会的。那个时候我英语还是可以的,但法语从来没有学过。到法国去要学法语的,医学院就专门给我配了一位法语教师,每星期上两次课,拿一本法语的教材教我。后来医学院交际处有一位法语翻译，他也专门给我上了几次课，就这样子学了一些，我就到法国去了。

杜　那您去法国前学了多长时间法语？

董　一年，也是业余的。在国内没有碰到过法国人，学的都是书本上的语法和发音，到了法国以后发现自己根本没办法与法国人交流。后来他们法国巴黎卫生局的计划局局长专门找了一位他们计划局里负责管图书馆的女士，她又能讲法语又能讲英语，让她陪着我到处去了解情况。法国那边的卫生局里面有好多科，除此之外我还要到各个医院里去。法国的卫生体制蛮特别的，整个巴黎市有38所公立

董天华（左二）与法国卫生局的计划局局长座谈（摄于1982年）

医院，公立医院有大有小，也有专科的，各种不同的医院各有特色。他们让我到很多医院去考察，差不多都轮转到了。

杜 您到这些医院去都学习些什么呢？

董 到各个医院去，他们院长介绍怎么管理医院，但是，我去了以后都提要求要找骨科医生面谈。我是一方面了解医院的管理，一方面了解骨科的进展，所以我去法国一方面是学习医院先进的管理方法，另外也了解法国骨科方面的成就。

杜 那么这个过程中借助翻译，交流还顺畅吧？

董 那还是隔了一层。这样考察了大概两个月以后，我说这样不行，法语不学好，交流还是不那么自如。我就跟法国的局长说，不要翻译了，我自己去搞吧。慢慢地，半年以后我就能很方便、很顺利地和法国人交流了。这个过程特别有意思，比如说我一开始每天到办公室，他们讲话我听不懂，但是一两个月以后，我就能听懂了，所以说语言环境很重要，也要有一定的时间。

杜 是不是跟您的语言天赋也很有关系？

董 那也可能的。后来到我进修快结束的时候，我们中华医学会有个代表团到法国去访问，大使馆就找我当他们的翻译，跟着到各个医院、各个市里面去了解情况，做报告，他们里面也有我们国内的好几个教授，我作为一个助手，作为代表团的一个成员，也有机会到法国的南部走了走，开阔了一下眼界。

杜 那法国的医院管理跟我们国家比，到底有什么特点呢？

董 法国的医院管理的确是有它的特点，跟美国的那种很不一样。法国有一种年报制度，就是每个医院有哪些科、有多少病人、做多少手术、经济收入多少、手术费、住院费都是卫生局定的，包括每一个病房的每一个科的收费标准都由上面来定，不是每个医院自己定。也就是说，它的卫生系统完全是计划经济，厉害得不得了，所以它的卫生局局长在当地权力很大，名望很高，管得很细的。当然他们这套东西，我们现在有的也用了，有的没办法用。

杜 我们国家80年代以前的医院是不是也是这样的？

董 我们没有这么严格。法国的管理方法是很严格的，而且都是由数据来说明的。还有，法国每一个医院的收费标准怎么说呢，也很有特点，我们国家的医院，比如说一个病人进来，床位费、药品费、护理费、手术费各多少，算得很细。但是法国不管的，他就规定，你这个病房里面就是350法郎，不管用什么药都包括在里面，所以它的管理方法很独特，包括我了解的美国也不是这样的。

董天华在法国进修期间的
留影（摄于1982年）

杜 法国医院管理得这么细啊?

董 还有一个例子,就是巴黎卫生局所属的38个医院一共只有3个洗衣房。

杜 为什么呢?

董 法国的这个是统一的不得了了。每个医院都弄个洗衣房那多麻烦啊,整个卫生局的医院总共有3个洗衣房,送过来送过去。

杜 哦,还有什么例子?

董 我到卫生局去参观学习的时候,他们整个医院都给我看。有一次叫我去库房看看,里面没多少东西,库房不存很多东西,说明物资流动很快。救护、消防我都看过。医院里所有的结构都安排好,今天到哪里去,明天到哪里去,所以学习得比较全面。当然这些和我们国家目前不完全一样。另外,还有好多私立医院。卫生局所属的38所医院里也有重点的,有的是大的综合性的,有的是专科医院。管理是比较科学的。

杜 如果总结一下,您去法国最大的收获是什么?

董 它的管理机制我们没办法全学,一部分可以用一用,大部分学不了,它是另外一个机制;它对技术的重视很明显,你技术不行就请你下去,我不用你了到其他地方去吧。还有一些新的技术是我们国内还没有的,我回来就告诉我们科室来应用它们。

杜 在骨科方面您当时也是参与到他们的手术中吗?

董 我主要是看。一边看,一边学习、交流。

杜 法国这一年时间对您在骨科方面的研究、技术的提高有哪些帮助?

董 还是有一定帮助的,和英美的不完全一样,有自己的独到之处。

杜 具体说来或者讲得更专业一点,您在骨科方面在法国学了些什么新的东西?

董 就是脊柱方面,我们过去都用很老的方法,做内固定、做植骨,这个方法那个时候就变了,本来是二柱概念,他们变成三柱概念,所以内固定方法、手术的方法都有不同。我回来以后,我们科室在国内比较早地使用了这个比较新的方法。

杜 它这个方法好在什么地方?

董 更合理、更科学、更符合生物力学的原理。

杜 那时候您怎么跟家里联系呢?

董 那个时候电话也不通的,都是写信,现在都不可想象,写封信过去,等他信回来，说你去吧这样子……

杜 一封信来回要一两个月？

董 一个礼拜。我和我家人也一星期写一封信，没电话的，电话不通的，而且信也是交叉的，我写的信她没收到，她写的信我收到了，这样交叉，一年中间五十几封信吧。

杜 我看您家客厅的墙上挂着的这幅风景画……

董 这是我从法国进修回来时，他们送给我的纪念品。

杜 谁送给您的呢？

董 法国卫生局。这张图是巴黎圣母院，很出名的了。他们很优待我的，我到法国去进修，住在哪里呢？住在法国卫生局局长家里的客房里，这个房子就在塞纳河的边上，河的对面就是巴黎圣母院，河的这边是我住宿的地方。

杜 您住在法国卫生局局长的家里？

董天华在法国进修结束时巴黎卫生局送给他的纪念品

董 客房里面。他的房子也是公家的。法国卫生局局长住的就是他该享受的待遇，很大的房子，里面有好多油画什么的，总共有两间客房，我就住在其中一间客房里面。

杜 也就是说，您住的地方推开窗户就能看到这么美的风景？

董 这是巴黎最好的地方。

杜 塞纳河边，对面就是巴黎圣母院，那算巴黎的代表性建筑。

董 到巴黎去一定要到那边去玩的。

杜 那这个照片是谁给您拍的呢？

董 这个是老早的照片，是纪念品。等于说，我回来的时候他送我这个礼品作为纪念品。

杜 那位卫生局局长后来跟您有联系吗？

董 从法国回来三年以后他过世了。具体联系的是他下面的好多局，计划局就是原来他的办公室吧，整个局里面的计划都是他定的，所以我具体学习的地方就是计划局。

杜 除了学习法国的医院管理和骨科发展，您还有没有其他的交流活动？

董 那当然有了。我到法国去，到各个医院去参观，他们知道我是骨科医生，也让我介绍一些我们这边的情况。前面我说过，我们在60年代做过那个断肢再植手术，那个时候我们国内的断肢再植技术在世界上影响很大，上海的陈中伟[①]在1963年1月份完成了国内第一例断肢再植术，为一位腕部离断伤者进行了再植。

杜 陈中伟是谁？

董 他1954年毕业于上海第二医学院，后来做到了院士。他想到肢体断掉以后可以通过接血管、接神经再植断肢，把手救活。我们在1963年3月份，成功地进行了一例断掌再植手术，手掌部的离断伤，血管神经比腕部更细，手术吻合的难度更大，我们的断掌再植也是国内第一例。所以我到法国去，他们知道了这个事情，也叫我在他们的外科学会上宣读这篇文章，他们帮我翻译成了法语让我念一念，当然念可以念，但是发音不行的，后来他们寄给我一本刊登了我的文章的《外科》杂志。

---

① 陈中伟，(1929—2004)，浙江宁波人，骨科专家，中国科学院院士。1954年毕业于上海第二医学院医疗系。毕业后在上海市第六人民医院工作，曾任该院骨科主任、副院长。因在断肢再植领域的杰出成就，被国际医学界称为“世界断肢再植之父”，1999年获国际显微重建外科学会颁发的“千年奖”。——倪平：《医学界的一座丰碑——悼陈中伟院士》，东方网，2004年5月17日。

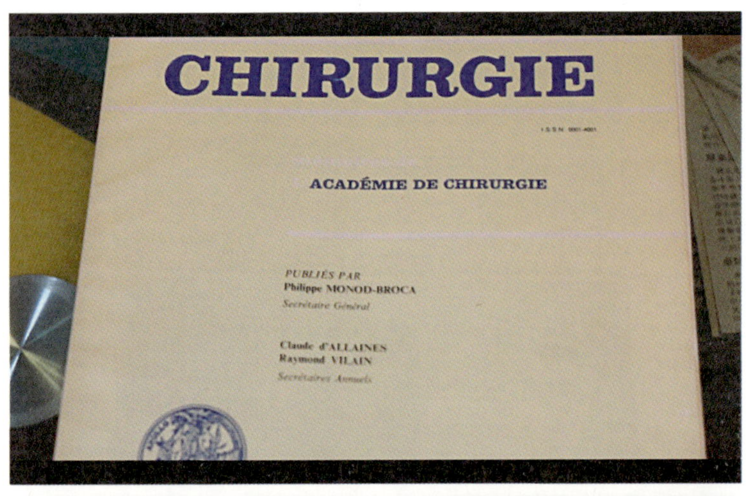

CHIRURGIE

ACADÉMIE DE CHIRURGIE

PUBLIÉS PAR
Philippe MONOD-BROCA
Secrétaire Général

Claude d'ALLAINES
Raymond VILAIN
Secrétaires Annuels

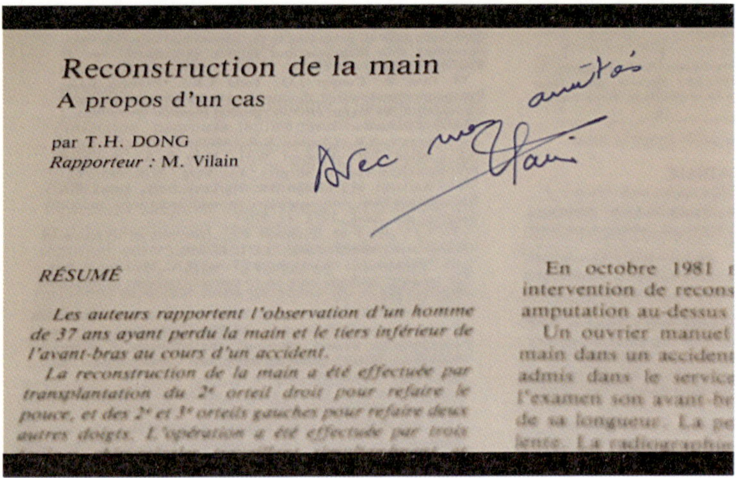

Reconstruction de la main
A propos d'un cas

par T.H. DONG
Rapporteur : M. Vilain

Avec mes amitiés
Vilain

RÉSUMÉ

Les auteurs rapportent l'observation d'un homme de 37 ans ayant perdu la main et le tiers inférieur de l'avant-bras au cours d'un accident.

La reconstruction de la main a été effectuée par transplantation du 2ᵉ orteil droit pour refaire le pouce, et des 2ᵉ et 3ᵉ orteils gauches pour refaire deux autres doigts. L'opération a été effectuée par trois

En octobre 1981
intervention de recons
amputation au-dessus
Un ouvrier manuel
main dans un accident
admis dans le service
l'examen son avant-b
de sa longueur. La
lente. La radiographie

董天华发表在法国《外科》杂志上的文章（蓝色字为法国外科协会会长Vilan的签名）

杜　这个签名是谁的?

董　是介绍我去参加这个会、让我能够刊登文章的人的，他是法国外科协会会长，他叫Vilan。

杜　这篇文章不是很长?

董　很短，包括一个病例。

杜　当时刊登您的文章的杂志是什么级别的?

董　法国的《外科》杂志，顶级杂志。就是可惜没有把图印上去。可能时间比较匆忙，我讲的时候都是打出来的，是不是他们后来才想到登，还是怎么样，我去做报告时没有想到登，他们想到登时我已经回来了。

杜 您去法国的那个时候刚刚改革开放不久，能够出国的人比较少吧？

董 那当然，那个时候中国人出去旅游的很少。

杜 那您到了法国，法国人有没有觉得来了一个中国人比较稀罕？

董 可能有一点吧。当时有一个情况是，如果你上街，中国人往往被当作日本人。因为那时候日本人有钱，在世界上是很出名的，所以，日本人也是一些不法分子抢劫的主要对象。

杜 抢劫？

董 当时巴黎有不少无业游民，他们常常在街上抢劫外国人。我就碰上了一次，我的钱包、身份证、银行卡以及住所的钥匙都被抢劫了。我想这下完了，但是没想到，过了五天，我收到警察局的通知，说让我去领我的东西，我就去了，一看，除了我的钱以外，证件、钥匙什么的都在，当时我感觉这伙盗贼还算有一点“良心”，还能想到尽量减少被抢人的损失。我后来听说，抢劫犯把我误认为是比较有钱的日本人了。现在三十多年过去，情况不一样了，现在轮到中国游客出国时要防备被抢劫了。

担任院长

杜　您是在从法国回来多久之后当院长的?

董　我是1982年7月去法国进修的，1983年7月回国，当院长是1983年八九月份吧。

杜　您当院长期间，都做了哪些印象比较深刻的事情?

董　说起来最困难的事情是什么呢?职称改革。

杜　当年为什么要搞职称改革?

董　要提升啊，多少年没升过。

杜　就是说在1983年之前，职称的事情都是一直搁置不动的?

董　是的，六七十年代，评职称的事都停了。这个情况你大概不太了解，从那个时候开始一直到70年代，历史欠账太多，没有什么主任医师、副主任医师，职称是不动的，就一直这样下去，你是主治医师就一直是主治医师，进来的住院医师一直是住院医师做下去，十几年的住院医师啊。

杜　也就是说这个职称的问题耽搁了很多年?

董　耽搁了。这里面也蛮难的。

杜　那改革是指……

董　就是要将医院内1960年至1965年毕业的中级医疗职称人员提升为高级职称。主治医师要升副主任医师，副主任医师要升正主任医师。

杜　那这是好事啊，为什么会难呢?

董　原因很复杂。首先，因为这个职称提升是有一定名额的，上级下达的可提升高级职称的指标数只能满足大约80%的人员；再就是我们医院的编制复杂，因为分别归江苏省和二机部管，医院的医生里大概三分之二是省编的，三分之一是部编的。两个上级主管部门分别下达有指标，部编有部编的指标，省编有省编的指标，两种指标，数量也不一样；还有一点就是，医生的业务能力虽然有差异，但科室与科室之间很难有可比性。上级还规定一定要有实际能力，不能论资排辈。这个话说起来容易，做起来非常困难，要做到完全合理和人人满意是十分困难的。

杜 这真是太复杂了，您怎么办呢？

董 当时我经过考虑，决定以工作需要和工作质量来确定各科室能获得的指标。首先要看科室的门诊量和病床数，确定该科高级职称的基本数。另外，凡是科室有研究生导师的，以及有附属的研究室的，可以增加一个高级职称名额。这样就确定了各科室新增高级职称的数量。我还专门召开各科主任会议，将我的想法公布于众。职称改革工作的这个基本原则得到了各科主任的同意，工作就能够顺利进行了。当然，这并不可能使每一个人都满意，也有个别医师发点牢骚。两年后，上级又下达了新的指标，基本上满足了所有65届前毕业医师晋升高级职称的愿望，他们绝大部分都在两三年以后评上了高级职称。

杜 既然这个工作这么难，那不搞不行吗？

董 不行的。上面有严格的要求，下面有医生的愿望，当院长不能因为怕困难就不做工作，还是要有担当啊。

杜 这是职称改革，对医院的发展，您还做了哪些工作呢？

董 再一个就是建病房了。

杜 病房不够用了吗？

董 那时候病房条件很差。1958年医院中心就搬到这里来了，当时造了一个新的门诊大楼，1975年又造了病房大楼，这两件事情我是记得的。又过了两年，造了内科大楼。现在这些房子都没有了，拆掉了，因为都老得不得了了。十梓街现在附一院的位置原来是苏州市医师学校，有几幢房子现在作为行政办公大楼什么的，在这个医师学校的基础上我们又造了新的病房和新的门诊大楼。

杜 当时病房条件怎么个差法？

董 一个是病房里面没有厕所，另外一个是房间很小很暗，数量也不够。后来想办法要造一些。那个时候没钱。有了钱，还要去弄钢材、水泥，要找关系的，那个时候是光有钱也造不起来房子的。

杜 没有市场。据说那时候这类事情是要批条子的？

董 对。怎么办呢？我到市里面去找周副书记，书记说我来想办法。开了一次会，苏州市比较大的企业、单位，包括苏大，领导都来了。书记就在会上讲了，附一院病房条件太差，想造一个大楼，希望大家帮忙。会上说了个办法就是，5万块钱一张床，一共300张床，要300个5万块钱，请各单位大家认领。这样总算凑齐了。这个病房造起来不容易的。后来在门诊的西面又集资造了一个三层楼的病房，就是现在十梓街医院西侧的烧伤科病房。那个工程师很好，他说你们现在没钱，我把楼的地基打成四层楼的，等以后有钱了再盖一层。后来没多久就改成四层了。所以，总结一下，我那时候主要就干了这两件事情：一个是职称改革，一个是造了两个病房——高级病房和烧伤科的病房。

杜 那时候的医院有多少人啊？

董 2 000不到吧。

杜 医护人员那时候就2 000人了啊？

董 对。

杜 当时您当院长，还是骨科的大夫，行政工作有没有影响到您的专业发展？

董 没什么大影响。

晨间英语交班

杜 您当院长是从57岁到61岁，然后61岁时卸任的？

董 对，年龄到了嘛，一定要下来的。我当院长是从1983年到1987年年底，1988年年初我从院长职位上退下来，同时我也不当骨科主任了，主任也退下来了。

杜 院长、主任退下来之后，您还做了哪些事情？

董 大概在1989年，医院新成立了一个烧伤科，负责烧伤病房的都是年轻医生，最早的是1966年毕业的，烧伤科主任唐忠义就来找我，说能不能帮他们提高一下外文水平，我说好。所以，我每星期三上午到烧伤科病房去，跟他们用英语查房，查房以后再用英语做个小讲座。我讲，或者是他们讲，全部用英语。这个就作为一种制度坚持下来了，大概持续了两三年吧，所以这个工作也算是我工作的一部分。我帮助烧伤病房年轻医生提高英语水平，这个情况烧伤科唐忠义主任应该非常了解，你们可以请他来更详细地介绍他们是怎么样把英语水平提高上去的。

杜 您其实是帮着他们烧伤科提高英语水平和业务水平，这是您的职责范围吗？

董 完全是义务的。

杜 那这个英语查房制度有没有在骨科实行呢？

董 实行了。我创建骨科的时候，就实行了一个晨间交班制度，每天早上上班时，前一天晚上值班医生报告处理的病人，包括片子拿出来怎么处理的，处理以后怎么样，现在是回家了还是在病房里住着……再问另外一个情况怎么样，有没有好转，输了多少血，每天早上都有交班的。还有昨天一天新进来的病人也要报告病史，所以我虽然不到每个病房里去查，但主要的情况都了解，包括新的病人进来、

董天华（左二）在讲课后与印度留学生合影（摄于2013年）

手术适应症对不对、还应当补充哪些检查等。但那时候英语用得不多。到1990年前后，苏州医学院开始招收外国学生，比如印度的学生，印度学生讲英语的，所以我就提议改成用英语进行晨间交班，就是每天早上叫一个当天值班的人报告小的课题，5分钟，用英语讲。

杜　那当时为什么这个制度没有推广到别的科呢？

董　不知道啊，每个科都交班的，但学习方法大概没有像我们那么严格，后来有印度学生来了，更需要英语了，就改成每星期四下午4点钟下班以前专门到一个地方去，叫年轻医生做一个小的讲座，英语讲座，这个对促进大家的英语学习有很大好处。

杜　那这个英语讲座是谁主持啊？

董　都是我主持。坚持了很多年。后来我年纪大了，走不动路，就雇了一辆三轮车，每周四活动时拉我到科里去。印度学生对每天早上交班时的提问也很感兴趣，因为讲中文他们没办法理解，所以说我过去在英语方面对骨科的帮助也很大的。

杜　现在这个制度还在坚持吗?

董　后来可能因为太忙,停了大概三四年吧。大概两个月前,科里的副主任姜为民打电话告诉我,现在恢复了,改成每天晚上。他是我们骨科高年资医生里唯一能讲好英语的。

董天华主持骨科每周一次的英语讲座

杜 这个英语晨间交班制度坚持了多长时间？您说的这个恢复是？

董 早上英语交班还是有的，另外找一个时间做小的英语活动，是停了三四年的样子。

杜 那您觉得用英语交班的作用是什么？

董 对提高外语水平肯定是有帮助的。他们要准备，要事先去找本字典，因为平时接触的都是中国人，骨头断裂啊什么的，骨头的名称要用英语讲出来。

杜 那这个对提高他的业务水平有帮助吗？

董 那当然了，英语水平提高了，他们将来阅读英语的期刊、专著就容易多了。

梯队建设

杜 您做院长的同时，还是骨科主任，您怎么做到两者兼顾的呢？

董 我做院长的时候也不影响业务的，平时把科里的工作安排好，都是按部就班的。在一般的病房工作中，我们都是要求住院医师无论干什么工作——写病史、查病房等，都要讲讲内容。在手术中，我们也是传帮带的。日常工作都是照旧的，每个星期一要排一次下星期的手术，比如说像每星期一、二、三、五吧，星期一哪几个床开刀，星期二哪几个，星期三开刀谁做手术，还有谁执刀、谁第一助手，等等，都会一个个分配好的。

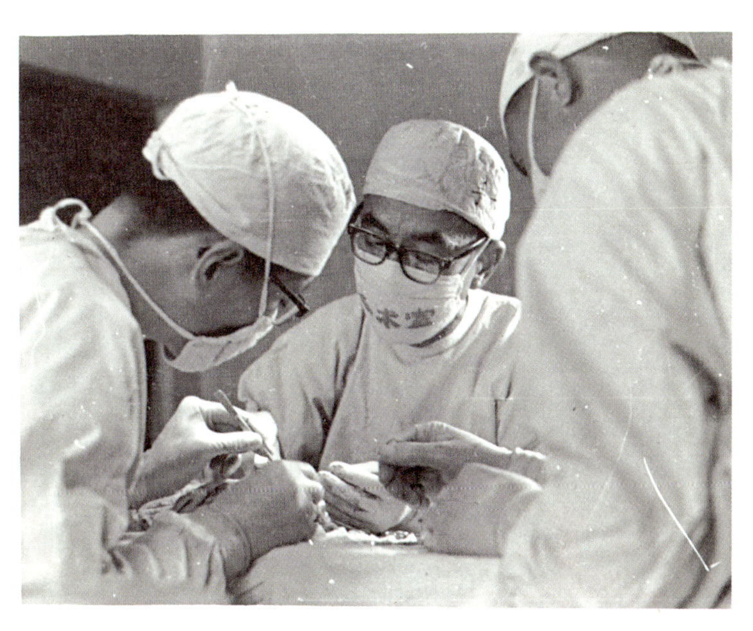

董天华在手术中（摄于20世纪80年代）

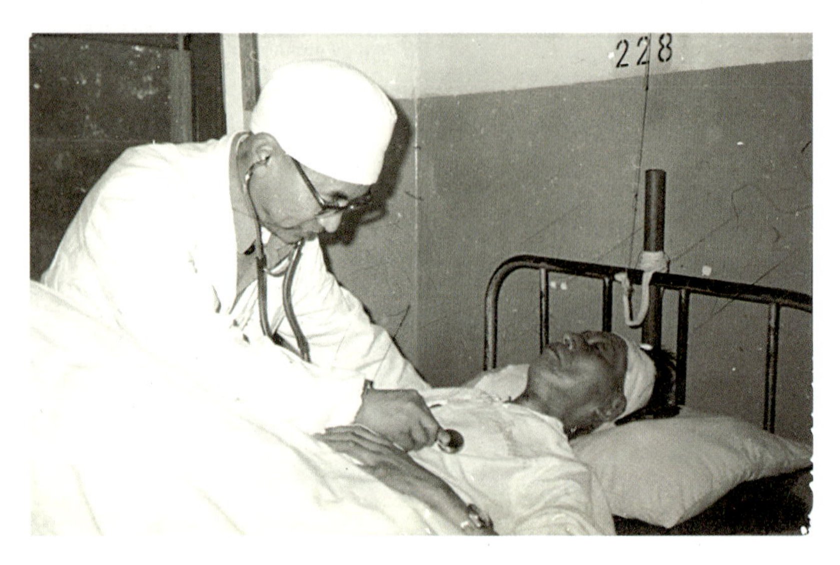

董天华在病人术后48小时里一直守在病房中（摄于20世纪80年代）

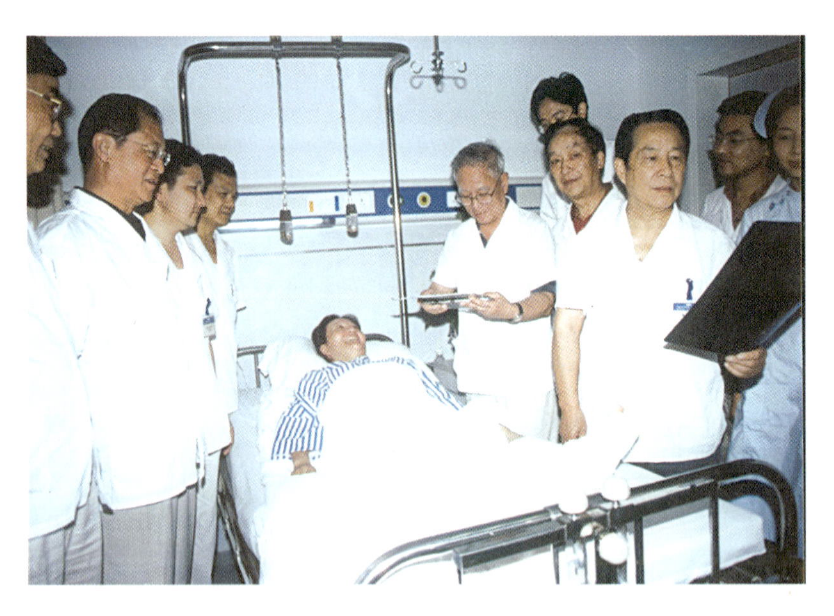

董天华（左六）、唐天驷（右三）等进行骨科教学查房（摄于2002年）

骨科首任主任董天华教授（中）、第二任主任唐天驷教授（右）、现任主任杨惠林教授（左）

杜 就是每周一就要分配好下周的手术安排？

董 因为星期二开始有手术，所以星期一早上就要排下星期做哪些手术，哪几个床位能够手术了，另外一排写在那里，中间挑哪一个早一点做，谁执刀、谁第一助手，都写明的，大家心中有数，不要到时候谁上去还不知道，这个之前我们就要安排好有哪些人。需要特殊培养的，会有一个年长的帮他做助手，这对培养年轻医生有很大作用。

杜 您做手术的话，在手术台上怎么带年轻的医生？是看您做手术，还是给您做辅助性工作？

董 这个一般都是常规的，很熟练，用不着讲话的。我一个动作他马上就来，比如说血管要打结，第一助手拿起来我去打，打完以后第二助手来剪线，这套东西都是规定动作，不会弄错的。

杜 您说不会弄错是指？

董 常规的，大家心中有数，我的第一助手该做什么事情，第二助手该做什么事情。

杜 是有过训练的吗?

董 都一样的,全国一样的,全世界也一样。我们的工作重点是建立骨科的诊疗规范,使我们的骨科工作与国际接轨,也可以说是“传道”。

杜 您之前谈到,在附一院骨科的发展过程中,您和唐天驷主任一个带队主攻关节,一个带队主攻脊柱,可以说建立了非常好的医师梯队,那在关节这方面还有哪些新的技术进展?

董 那就很多了,比如说关节镜。

杜 关节镜是什么意思?

董 关节镜就是说你膝关节里面有毛病,用不着把它打开,进去一个摄像头,另外进去一把刀,把它一块块的东西切掉,拿出来。

杜 这是近几年才有的?谁是负责人?

董 近些年才有的。负责人是黄立新[①],我的一个博士生。他现在也是骨科的副主任、博士生导师了。

杜 那像徐耀增[②]是做什么方面的?

董 他主要就是股骨颈骨折方面,这也是在全身创伤里最难治疗的,一方面不容易愈合,另外一方面也容易发生坏死,断掉一个血管就没有了。所以他是专门研究外伤以后的股骨头治疗,和怎样来修复这个关节,做一个人工关节。当然,我们还要做一些实验,用一些药,还要研究是什么造成动物的股骨头坏死,能用一些什么方法来避免……研究范围很广的。

杜 唐天驷主任研究脊椎,他们脊椎的研究水平在我们国内怎么样?

董 他们那边做得很好的,前些天杨惠林[③]主任他们又得了一个国家科技进步二等奖。

杜 您从1956年创建骨科,到现在已经60多年了,您怎么看待骨科这60多年的发展?

董 骨科的发展要紧跟着时代和世界骨科发展的潮流,所以,科研非常重要。

---

① 黄立新,苏州大学附属第一医院主任医师、骨科副主任、博士生导师。硕士和博士师从董天华教授。

② 徐耀增,苏州大学附属第一医院主任医师、骨科副主任、硕士生导师。硕士和博士师从董天华教授。

③ 杨惠林,苏州大学附属第一医院骨科主任、大外科副主任、教授、博士生导师。

1963年我申请成立了创伤骨科研究室，当时仅有一台电脑记录一些临床资料，制作讲座用的幻灯片。以后，骨科成立了骨科研究所，开始进行比较先进的实验研究。近年来，骨科临床的研究范围正逐步更新，各种新技术如计算机技术和介入技术等，更使我们的诊治水平有了不断的提高。我们骨科的后来者也能够不断开拓创新，可以说是薪火相传，获得的荣誉也越来越多，我们的骨外科学是国家重点学科，2010年骨外科是国家临床重点专科，这是对我们骨科多年努力和医疗水平的一个肯定吧。

勤奋著述

杜 您之前谈到，曾和陈明斋院长一起编写过一本《外科学简史》，后来您又有哪些主要的著作呢？

董 还有一本书，《髋关节外科学》，四个人主编，我是第一主编。

杜 这本书是什么时候写的呢？

董 2004年。你看第二个作者是谁？

杜 卢世璧。他是什么人？

董 他是解放军医院里面骨科的院士。我开始也不好意思，他是院士我却放在

董天华在伏案工作（摄于20世纪80年代）

第一位。因为我在这以前，写过一本《髋关节外科》，没有“学”，是较小的一本书，大部分是我自己写的，其中有些章节是请我们骨科其他医生写的，江苏科学技术出版社帮我们出版的。就是这本。

杜　哦，《髋关节外科》，这个早，是1992年出版的。

杜　当时为什么要写这本书呢？

董　那个时候国内没有关于髋关节方面的书。

杜　那您这本书想告诉别的医生什么呢？是您的研究发现呢还是把整个髋关节外科的知识汇总在一起？

董　是个汇总，等于有个参考书看看，自己的内容还不怎么多。

杜　哦，因为有了这本书，所以郑州大学出版社又找到您来重新写一本？那这两本书有什么不一样的地方吗？

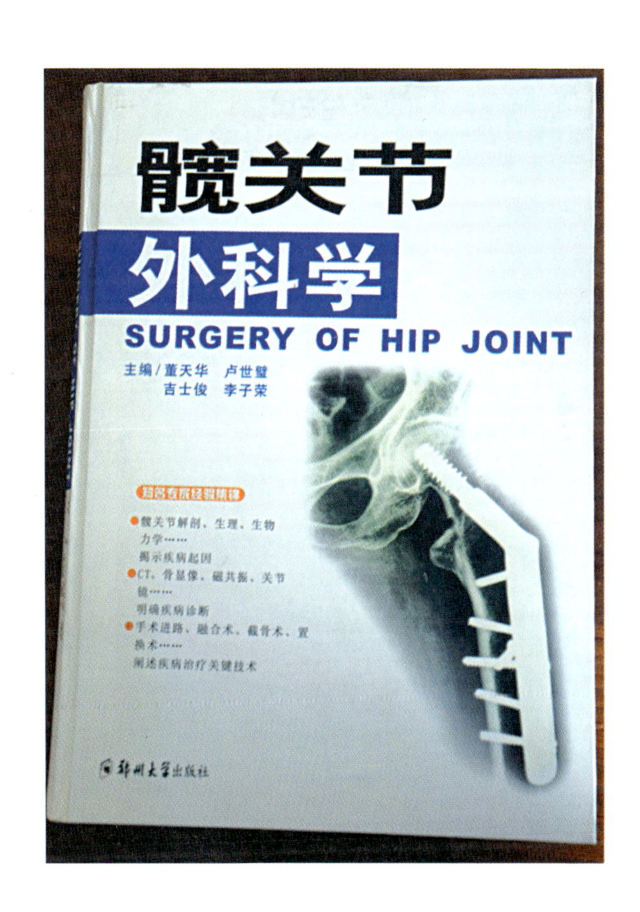

2005年出版的《髋关节外科学》

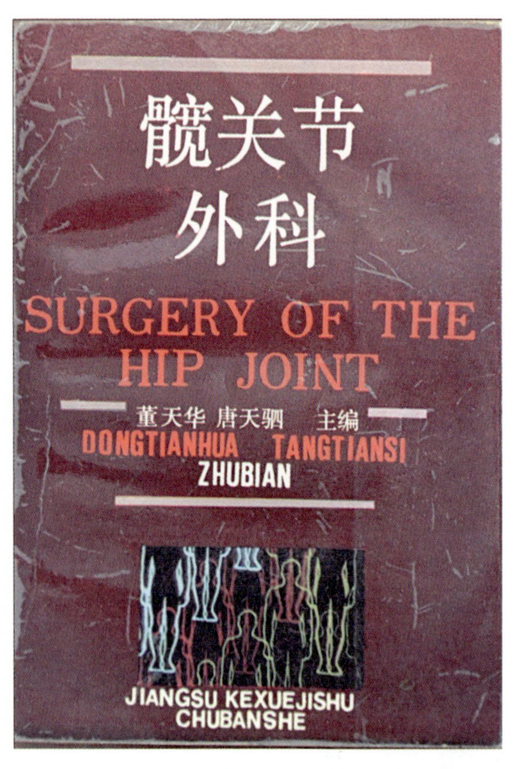

1992年出版的《髋关节外科》

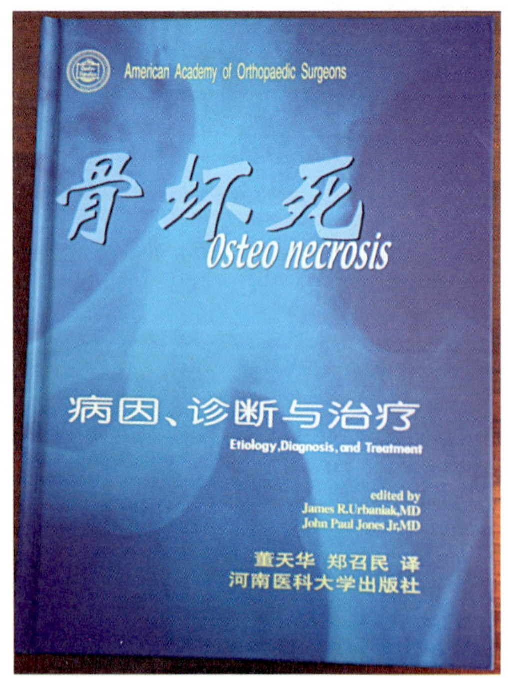

1999年出版的《骨坏死：病因、诊断和治疗》

董　年代差很多，有很多新的东西是过去都没有的，13年的差别也是很大的。

杜　那您这期间也下了不少工夫吧？

董　那当然，需要查很多国内外的资料，还要配很多图，很费工夫的。

杜　是不是主要作为教材，为了培养学生用的？

董　是的，因为当时一直要在医学院上课，也带研究生，没有一本好的教材是不行的。

杜　您还翻译过一本《骨坏死》，当时的情况是怎样的？

董　这本书全名叫《骨坏死：病因、诊断和治疗》，1999年由河南医科大学出版社出版，是我和郑召民一起翻译的。这本书主要是讲什么原因会造成骨坏死、怎么样进行诊断、怎么样进行治疗。这本书对我后来研究药物治疗非创伤性股骨头坏死有一定的启发和帮助。

杜 您对研究生的培养是从什么时候开始的呢?

董 1978年我就开始带研究生了,刚开始的时候少一点,每年带一个;后来最多的时候一年带两三个,一共带了30个吧,21年中间,有的硕士后来变成博士了。

杜 那您带研究生主要带着他们研究什么呢?

董 从我所收藏的幻灯片和PPT的内容来看,我的研究重点也是从相当广泛到逐步向髋关节集中,而后又进一步向股骨头坏死集中的。那么我所带的研究生也主

来自全国各地的研究生们为导师董天华(二排左五)庆贺80华诞(摄于2005年)

董天华（前排左二）的博士生毕业论文答辩后师生合影（摄于1999年）

要是沿着这么一条轨迹发展的。

杜 在硕士生和博士生里面，继承您的学术研究，互相之间交往比较密切的还有哪些学生？

董 我们医院里面的徐耀增、黄立新，苏大儿童医学院院长王晓东，二院的陈广祥……开始的阶段是，一般创伤的并发症，创伤有可能引起血管堵塞啊，或者引起其他的并发症，后来就慢慢集中到髋关节方面了；后来是股骨颈骨折，因为股骨颈骨折是全身治疗最复杂的了，并发症也比较多，骨头愈合了也可能发生再次坏死；再后来发现非创伤性股骨头坏死，就是说不是由创伤引起的股骨头坏死，近几年这个病例逐渐增加了，我又带着学生在研究这个问题。

杜 也就是说，您一直带着学生和您一起研究您认为比较重要的医学课题？

董 是的，也是在治疗中感觉到需要弄清楚的问题，在国际上还没有完全找到比较可靠的治疗方法的问题。

杜 像您带这些硕士生或者博士生主要的教学方法是什么？

董 我指导一个方向，路教给他们，主要靠他们自学吧，答案他们自己去找，图书

董天华的第一个博士生王金熙博士学位毕业论文答辩时与导师合影（摄于1990年）

馆书多随便找，都可以看到。

杜　您带的硕士生和博士生大部分研究骨科哪些方面？

董　一个是骨科方面的，包括早期诊断、治疗、愈后各方面的东西；一个是股骨头坏死方面的，最近几年都是在专攻这个。

杜　我看了一下，您的学生中间，现在有十个人已经是博导了，还有四个硕导，其他八个都是高级职称，其中有两个是院长。他们可以说都是骨科医学界的精英了，这个跟您带他们有很大的关系吧？

董　我的学生绝大部分都是比较有出息的。这主要靠他们自己。现在在美国的一个学生王金熙[1]，他在一所美国大学的研究所里工作，他是第一个跟我读博士的。

杜　那您还记不记得带王金熙时候的教学方法？

董　那是我开始对股骨头坏死比较关注的时候，要进行一系列的基础研究，这个研究需要先在动物身上做实验。那个时候用动物做实验很苦的，狗要自己去抓，还要自己去喂，动物实验室设备也不太完善。我知道他当时是很辛苦的。

杜　动物实验室当时设在哪里？

董　老的苏州医学院，人民路上的，现在叫苏大南校区。

---

① 王金熙，美国堪萨斯大学骨科Harrington Distinguished Professor（杰出贡献教授），堪萨斯大学肌肉骨骼医学研究中心主任。硕士和博士师从董天华教授。

杜 为什么要在狗身上做呢？能做什么呢？

董 要在狗身上建立造成股骨头坏死的模型，再看它的各种变化，包括病理上面的变化、生物力学方面的变化、X摄线的变化，一条一条狗都要拿到医院里面照X摄线，晚上空的时候去拍照、做核磁共振，都很辛苦的。

杜 那怎么能造成狗的股骨头坏死呢？

董 可以人为造成。有几种方法：一种是用药，人不是因为吃激素会造成坏死嘛？所以，就给动物也吃激素；还有一种就是把狗的血管弄断再放进去，造成坏死，外科手术性的坏死。坏死以后，看它的X摄线的变化、病理上面的变化、生物力学方面的变化，两个星期、四个星期、六个星期、八个星期，一大批，要好多狗呢。

杜 狗的骨骼结构和人的一样吗？

董 基本是一样的。

杜 就是拿狗来观察股骨头坏死的这个变化过程，然后用在人身上进行治疗？那这个是比较麻烦、比较费工夫的吧？

董 是啊，我这个股骨头坏死的实验研究是很辛苦的。有个学生晚上做实验到半夜，结果学校的门锁上了，怎么办呢？他要回宿舍啊，他就爬墙跳出去。第二天我见到他，我问他你有没有摔坏啊？他说没有，我爬墙还是有一定的技术呢。那个围墙还蛮高的，不知道他怎么爬出去的。

杜 那他们在做实验时，您是不是要经常去指导、观察呢？

董 那当然。他们制订了实验方案以后，我要看一下行不行，我觉得行，才让他们去做。做实验要有一定的计划，我也要经常去看，一起进行观察。

杜 可是这样的研究需要很多的经费吧？经费从哪里来？

董 培养研究生是有经费的。另外有的研究是他们自己掏的钱。那个时候用狗做实验是最贵的，后来经费比较少的就用兔子，用兔子便宜一些。

杜 经费是医院的科研经费吧？

董 科研经费。培养研究生也有经费的。

杜 您带硕士和博士的科研经费是从哪里来的？

董 两个方面，一个就是他们自己的，一个就是我也申请课题的。国家自然基金，也有省里面的、市里面的。

杜 那您带博士和硕士大部分都要做这种动物的实验吗？

董　大部分要的，少数的是从病人身上搜集一些资料。大多数，特别是博士，没有动物实验是不行的。

杜　大都是股骨头方面的吗？

董　也有其他方面的，好多。有个别的在本单位已经在做一些科研了，到我这里来，提出他的研究，我再提一些建议，这个就比较方便了。有些是我们医院本身的，比如放射科的，从放射科角度做股骨头坏死。还有个别的题目是跟股骨头坏死没关系的。一般来讲，他们来读博士之前，应当有他们自己的目标，他们在临床上已经有了一些想法，来之后就跟我讲要做什么研究，我看了以后，在他们的想法上提供参考意见，看怎么能做得更好一点。

杜　那您的其他学生，比如像王晓东[①]是做什么研究的？

董　他那时候开始做骨髓穿刺治疗骨囊肿。

杜　您的学生在外地的也不少？

董　不少。天津的，本来在郑州后来到广州去的，还有宁波的、南京的、常州的、太原的，苏州的比较多一点。

杜　您对谁的学术成就印象比较深，或者说学生谁有自己的成就的？

董　学术上都还可以吧。郑召民[②]本来在郑州的，后来到广州去了，现在当主任了，他工作能力很强的。还有瞿玉兴[③]，在常州中医院，整个骨科他管三个病区，等于150个病人，他工作也做得不错的。还有一个青岛的，马伟[④]，现在是青岛市中心医院的骨科主任。还有好多，我一下子数不过来了。

杜　他们可能主要的精力还是在日常的治疗工作上，像您这样一边治疗，一边还能进行学术研究真的是不容易。

董　博士生导师起码的工作吧，只做日常工作不行的。要想出新题目，有一些前瞻性的题目，不能一般地分析分析病例，要稍微有些新的意义上的研究。

杜　那研究生们做的科研题目您都还记得吗？

---

① 王晓东，苏州大学附属儿童医院主任医师，教授、博士生导师，苏州大学医学中心主任，苏州大学儿科临床医学院院长。

② 郑召民，中山大学附属第一医院脊柱外科主任、主任医师，教授、博士生导师。

③ 瞿玉兴，常州市中医院骨科主任医师，教授、硕士生导师。

④ 马伟，青岛市中心医疗集团青岛市中心医院骨科主任、主任医师。

董　都在我的电脑里存着。有个课题名称列表。因为我重点是在髋关节，所以30个硕士生、博士生的科研题目中间，有13个是属于髋关节、股骨头坏死方面的，谁做的什么题目、课题内容，电脑里面都有。

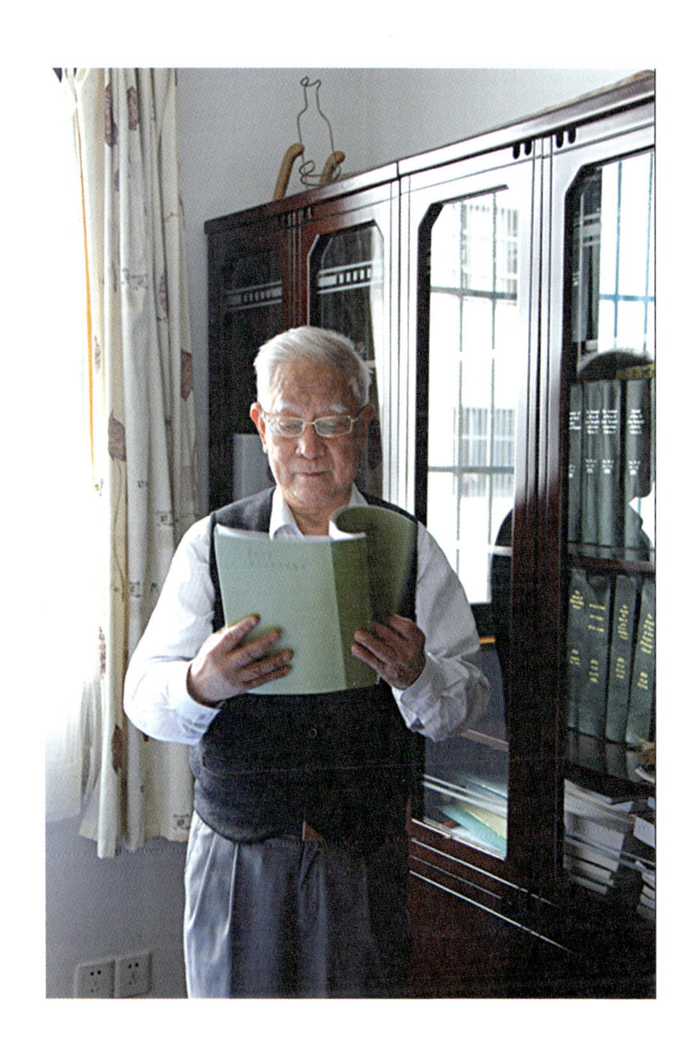

已退休的董天华每天仍惜时如金（摄于2015年）

千张幻灯片

杜　除了指导研究生进行课题研究之外，您还给他们上什么课吗？

董　当然要上课。那时候上课没有电脑，讲课放的幻灯片都是一个个卡片，需要自己动手制作。1958年，苏州医学院从南通搬到苏州，开始上课的时候写黑板的，那个时候写黑板也有技巧，哪个角上写什么，能不能擦，一堂课下来学生都看到了，在这以后就用图解，用大的图来说明，再以后就是用幻灯片了。幻灯片要自己做，我那个时候也有照相机，也有做幻灯片的东西，做了好多。

杜　您保留着当时的幻灯片吗？

董　保留着，我拿给你看。

杜　哇，这么多啊！大约有多少张？

董　我算了一下，大约1 000张。

杜　这都是您什么时候做的？

董　从1978年我带研究生开始，到1998年，20年的时间，可能还有咧，老的可能都淘汰掉了。

杜　PPT好像是2000年以后的事情？

董　过去讲课都是这样讲，收集资料、整理资料，没电脑嘛。

杜　这个都排着顺序？

董　有题目的。在电脑PPT以前，做讲座都是用这个幻灯片的，出去开会带这个盒子去。

杜　这个幻灯片是怎么制作出来的？

董　先要用照相机把所有的讲课内容都拍下来，再把胶片剪下来，然后装到这个小框里，很费工夫的。

董天华早年讲课用的千张幻灯片（摄于2017年）

杜 那这上面的字是先写出来再拍上去的？

董 拍上去的。

杜 是先打出来，打到纸上，然后照片拍出来，然后再投影？

董 讲课的时候把那些幻灯片取下来，装到放映机里去，专门有放映机的，一张一张自己放上去、拿下来，根据讲课内容来换幻灯片。

杜 还能看清楚这些幻灯片里面是什么吗？

董 这个小，要放大的。用放大镜看下。

杜 这上面写的是"股骨头坏死的自然进程"。

董 那时候讲课都是用这个讲的。这两天我也自己回想起来有这个事情，应当说是从我带第一个研究生开始，1980年前后，20年来的所有资料都在这个里面，讲课的资料、病人随访的资料，都在这些幻灯片里面。现在我们电脑上面做的PPT也叫幻灯片，实际上这个才是幻灯片，早期的幻灯片。

杜 现在有电脑上的PPT了，这个基本用不上了吧？

董 嗯，收集资料吧，片子什么的一张张拿下来不容易，保存得很好了。我也把这个事情忘记了，因为这个也算历史吧，有电脑以前要讲课全都用这个的。

杜 很珍贵啊，像我们现在做老师的都是直接在电脑上做PPT了。

董 现在电脑还讲幻灯片呢，实际上这个就是。

杜 这个要保留下来的，不能因为有PPT就不要这些东西了，因为这个更有质感，历史的感觉。最关键的是您能够写出来，再一张张拍下来，这个很费工夫的。

董 我也忘记了怎么弄起来的。那个时候研究生报告都是用这个东西，我什么时候问问他们，帮我回忆回忆。

杜 这怎么做到这个上面？

董 论文里面有一张表，都拍照拍下来了。

杜 说明您那时候做的投影大部分是手写拍下来的。

董 让我也慢慢地回忆。

杜 我看着像手写的，这么多。

董 这之前还有，扔掉了一部分。

杜 附一院应该建一个博物馆，把您的这些幻灯片保存起来，这就是医学发展进程中的历史啊。

董 可能在我原来的办公室里还能找得到放幻灯片的机器呢。

杜 那时候就有苏医摄影室，就是医学院专门有个摄影室，负责来制作幻灯片？

董 可能研究生都是到那里面去弄的。

杜 您给我的材料好像没有这些东西？

董 我也是想起再造手要找照片，可能在这个里面能找得到，那1 000张我有的找了。

杜 您这些讲座除了课堂上的，是不是还有很多是学术会议的？

董 学术会议的很多。我在学术会议上讲的东西现在数不过来了，特别是每个季度我们都会召开苏州骨科会议，这对提高苏州整个骨科的水平是很有用的。

杜 也就是说，除了您的学生以外，苏州市其他医院的骨科医生也都受到您的骨科诊治方法和科研思想的影响？

董 有一定的影响吧。我整理了这些幻灯片，大概有18个题目，实际上不止18个，其他有丢掉的，可能还有那个时候搬家过程中弄丢的，中间有几个带星号的是研究生的题目，不是我做的，他们做报告时用的。

杜　您每一个题目要讲好几次吗？

董　不记得了。我后来又把我这个电脑里面所有的PPT整理了一下，一共有60多个题目。

杜　这些讲座大部分是在哪里讲的，您还有印象吗？

董　有的时候是科室里面，英语学习讲，有的时候是会议上用的。一共五个英

董天华在学术会议上做讲座（摄于2015年）

语的。

杜　噢，五个英语的PPT，那应该是在国际学术会议上。您在国际学术会议上用英文发言的这个有没有录像？

董　没有。有一次儿童医院办一个小儿骨科学习班，要叫我讲座，当时应该是用中文的，去了一看，有一个英国人，英国人他是用英文做的讲座，那么第二个我来讲，他坐在那边不走，而且那个时候坐在下面的人三分之一是印度学生，你知道我们也收了印度学生，我临时就把这个中文的PPT改用英文来讲。

杜　就是字是中文的，但你用英文来讲？

董　是的，这样英国人听得懂，印度人也听得懂，中国人也可以看得懂。我临时决定的。

杜　那就是等于您是帮在场的印度学生和外国专家做了一次翻译，要不然他们听不懂。

董　对。

攻坚股骨头坏死

· 很多病在过去是没有办法治疗的，现在可以用激素治疗，但是这会带来一个副作用，就是其中一部分病人会发生股骨头坏死。

· 大概三分之一的病人是酒精引起的，喝酒喝得太多了，也会股骨头坏死。

· 我这个课题，转了好几个弯才打通其中的道理，一个骨头断，一个帕金森病，一个骨坏死，把它们连起来，结果很满意。

· 从2002年开始，到2017年，16年，有800多个病人了，做一个工作不容易啊。

· 病人有痛苦要想办法帮他们解决。我们必须活到老学到老。不看书不动脑筋对不起国家对我们的培养。

激素与酗酒

杜 您前面讲了，近些年来，您发现非创伤性股骨头坏死的病例比过去增加了，为什么呢？

董 有几个原因：一个就是现在很多病，用激素，比如泼尼松，治疗很有效，带来的副作用就是股骨头坏死，大概有一半以上的比例。比如说脑外伤，一个病人脑部损伤了，除了开刀之外，还一定要用激素防止脑部水肿；还有就是对肿瘤、白血病、血液病的治疗，都要用激素；还有重伤病人的抢救要用激素。另外一个原因就是酒精中毒、喝酒、酗酒，大概三分之一的病人是酒精引起的，喝酒喝得太多了，也会股骨头坏死。

杜 那么激素为什么会导致股骨头坏死？

董 这个发病机制很复杂的。激素会使循环系统阻塞、水肿，骨头里水肿，内壁细胞会肿起来，肿了以后就堵塞了，水肿影响到血管的畅通，血管一堵塞，股骨头就坏死了。全身各个地方的骨内血循环都是比较丰富的，就是股骨头血供比较少，所以很容易发生坏死。

杜 那为什么要用激素呢？

董 因为激素基本上可以治百病，很多病吃了激素都会好，过去没办法治疗的病现在都可以治疗，可是激素带来一个不良的后果，假如用的时间短、剂量小，不一定会发生坏死，一旦剂量大、时间长了，就会导致股骨头坏死。

杜 那像我们听说的很多，比如养鸡时都打激素，人吃了鸡肉以后会不会……

董 那个大概没问题的，剂量太少了。

杜 直接输入激素吗？

董 打针的也有，吃药的也有。受到严重创伤时，人的应激反应不行了，所以打激素是对全身的一个支持，一般要打十天，十天以后病好了，过了半年一年股骨头却坏死了。这种抢救病人、大手术、大的创伤、严重感染、全身性需要量大的情况，用了激素很容易发生股骨头坏死，另外有好多病比如肾病、心脏病、哮喘病，用了激素以后很快就好了，假如超过一定的量和时间，虽然原来的病治好了，但是激素却导致了股骨头坏死。

杜 那其他科的医生他们不知道这个道理？

董 目前大部分医生都知道用激素会带来各种副作用，其中骨头上就是带来股骨头坏死，用激素的时候要注意，用最小的剂量来达到治疗目的。

杜 股骨头是在哪个位置？

董 大腿的最上面，就是我们买猪腿骨时看到的一个圆的头。

杜 那您发现激素和酒精是怎样导致股骨头坏死的？

董 我有很多研究生就做这方面的研究。这个发病机制是比较复杂的，还有几个辅助因素，还有的甚至我们现在还不太了解。我们现在的重点是怎么早期发现，要早期发现，越早越好，那么我们就能进行干预，把它慢慢恢复过来。

杜 股骨头坏死会导致什么后果？

董 股骨头是我们全身骨头最敏感的地方，稍微有一点问题，血流不通畅就会坏死，它带来的结果是残废，一坏死以后股骨头就软了，软了容易变形，一变形这个关节就不好动了，所以我现在在研究的是，怎么早期诊断、早期预防。

杜 那您有没有呼吁全国的医生要注意这个激素使用的问题？

董 我们最近发表了一篇文章在《中华医学杂志》。如果我把这个股骨头坏死放在骨科杂志里，其他科是不容易看到的，《中华医学杂志》是综合性的，在《中华医学杂志》上发表这篇文章，所有的临床科都能看到，这有可能对这个病的预防起到一定的作用，这是我们最后的呼吁吧，希望医学界能够了解到使用激素所带来的不良后果。

美多巴与新骨生长

杜 我看资料上说，您从治疗帕金森病的药中，发现有些成分可以用来治疗股骨头坏死？

董 这个发现也是很偶然的，可是现在看起来还是比较幸运的、合理的。股骨头坏死以后，机体有一个自然的修复过程，哪个骨头坏死了，新的骨头长进去使它复活过来。可是这里有几个问题：第一个，如果复活的力量不够，就来不及；第二个，如果坏死的骨头你碰碰它还是很硬的，新的骨头要长上去，把老的骨头吸收掉，新的骨头可以长起来，如果在这个过程中股骨头软了，你要让它活，这个很难的。假如一个头坏死的范围很小，新的骨头长上去，它不会变形。我们通过研究找到一个办法来测定坏死的范围多少，10%~30%的坏死是不要紧的，因为大部分还支撑在那里；但是坏死范围比较大的，那么它自然修复肯定要塌陷，那怎么办呢？我看到一篇文章说，我们四肢骨头断掉了，一般会有几种情况，比如说这个骨头应该三个月长好的，到四个半月才长好，叫“延迟愈合”；到六个月，过了加倍的时间还长不起来，叫“骨不连”，就是说骨头断了以后它有正常愈合、延迟愈合、骨不连几种情况。偶然的机会，我看到有一篇文献中提到，用一种药可以促进新骨形成，使临床上面80%的延迟愈合，愈合了，本来也许可能不连接了，用这个药以后80%愈合了，不连接的70%也连接了，就是说，这个药可以刺激脑部某个部位产生生长激素，生长激素可以使你的生长力量超出平常，长的能力不够的长起来了，所以它的临床研究结果是80%的骨不连长起来了，还有骨折延迟愈合的90%长起来了。

杜 那这个跟你们治疗股骨头坏死又有什么关系呢？

董 所以我们觉得坏死是不是也是因为它长得慢？能够加快它的生长速度，它也许不会断掉，不会变形。我们做了一系列动物实验和临床观察，发现坏死面积有各种不同的情况，有30%坏死、50%坏死、80%坏死。发现50%以下坏死的病，骨头大部分都不变形，新的骨头长好后问题不大，60%以上的轻度变形，也有失败的，也有塌陷的，因为坏死范围太广了，生长激素的力量还是不够。

杜 那怎么办呢？通过吃药？

董 对。用药物来治疗股骨头坏死，是我最近几年重点研究的课题，现在已经基本有了成效。过去股骨头坏死80%要变形的，还有20%可能范围小，现在倒过来，80%不变形或轻度变形，20%还需要治疗，吃的是什么药呢？这个药就是治疗帕金森病的。

杜 这个药叫什么名字？

董 叫“美多巴”。

杜 治疗帕金森病的药为什么能够治好股骨头坏死？

董 帕金森病也是因为缺少生长因子，不同的病同一个道理。骨头连接或不连接，与生长激素的刺激有关，这个坏死的治疗也是要让新骨头长得快一点，所以我这个课题应当说，转了好几个弯才打通其中的道理，一个骨头断，一个帕金森病，一个骨坏死，把它们连起来，结果很满意。当然不是百分之一百，有的时候坏死面积太大了也是不行的，至少到现在90%的病人不用手术，本来是80%要手术。当然90%里面还有的病人到一定时间也要手术，我们先把它推迟一下，比如他只有二十几岁，换了关节怎么办，因为关节一般用15～20年，换过一次再换的效果就更差了。

杜 那病人会不会说，我又没有帕金森病，你怎么给我吃这个药？

董 那就是要跟他讲道理啊，同时告诉他，能够用药物治疗，总比要动手术好。这个药可以治疗帕金森病，也可以治疗骨头长不好，我现在把它用来治疗股骨头坏死，一般的人想不到的。

杜 那您是怎么想到的呢？

董 发病有自己的原因，药物也有自己的原理。这个药能在身体里面增加生长因子，因为我们身体的细胞也有新陈代谢的，坏死的地方更需要新的骨头长得快一点，这样坏死的骨头就被代替了，支撑了股骨头，避免力学性的塌陷，或者轻度塌陷，轻度塌陷一般不会有很大的影响。这就是一种从临床工作里动脑筋的思路，发现苗头，并且能有医学上的新发现。

杜 您这个发现应该说是很难的了？

董　嗯，转个弯么，它是治疗骨不连的，我用来治疗股骨头坏死。

杜　但是这也要建立在参考大量文献的基础上吧？

董　当然，通过理论上推想，把几种治疗结合起来。

杜　那这篇治疗骨不连的文章是您在哪儿看到的？

董　*Clinical Orthopaedics*，2000年的，翻译过来叫《临床矫形外科学》，也是比较重要的一个杂志。

杜　您的很多文献都还在医院的办公室里吗？

董　那个时候医院图书馆没有订*Clinical Orthopaedics*，过去曾经订过的，后来断掉了，我就自己订，订了两三年吧，后来医院里也订了，我就不订了。

杜　订的刊物您每一期都要仔细看吗？

董　当然有重点的，《临床矫形外科学》主要是骨科方面的，骨科范围也很广的，没时间我就看与自己重点相关的。

杜　人们印象中，骨科大夫都是接骨头啊什么的，但是您的这个研究却是立足于不让病人做手术，这是怎么样一个考虑？

董　骨科的病，总的讲起来是运动系统的疾病，运动系统包括骨头、关节、肌肉，还有周围神经。中枢神经是脑外科的，周围神经都是骨科的，还有手外科，手也是很复杂的，骨头断是外伤，骨病里就有很多肿瘤啊、坏死啊、感染啊、小儿麻痹啊什么的，小儿麻痹后遗症也属于骨科的。关节的病，关节也有外伤、感染、坏死，有先天畸形，有后天畸形，有很多不同类型的疾病。有外伤，也有骨病，病里面也有先天性畸形和后天性因素以及感染性疾病，所以骨科的范围实际上全身都牵涉到。

杜　也就是说，您研究的部分不是由于外伤引起的？

董　非创伤性股骨头坏死。外伤也有股骨头坏死的，骨头断了、血管断掉了，股骨头也要坏死。我过去重点是研究骨头断了，坏死以后怎么治疗，断了以后用什么方法治疗更快、恢复得更快。后来发现许多股骨头坏死，是非创伤性股骨头坏死，不是由外伤引起的，是由药物或者其他原因引起的，我就开始研究这个课题了。

随访病人 15 年

杜 那您的这个用药物治疗股骨头坏死的发现，是经过临床验证过的，确实非常有效？

董 验证过的，80%的病人不需要手术，本来80%要手术，要换关节。当然这里面还有可能10%～20%的，到50岁的时候也要换，这个变化是很大的。

杜 您是怎么验证的？

董天华认真整理治疗股骨头坏死病人的随访资料（摄于2015年）

董 对病人进行随访，跟踪观察。从2002年开始，我利用每周三上午的专科门诊和股骨头坏死的专病门诊，对病人进行登记、询问，包括他坏死的情况变化，吃药后的身体变化，然后建立档案，进行对比观察。到2015年我90岁时，我的眼睛不行了，就委托我学生的学生继续坐诊。一个礼拜一次，病人来了，接待、询问、搜集资料和数据。从2002年到2017年，16年了，到现在有800多个病人，做一个工作不容易啊。

杜 那这些病人都来自哪里？他们怎么知道的呢？

董 逐步推广的，大部分是苏州地区的，因为苏州地区所有的医院医生都了解，也有外地的，北京、天津、河北、安徽，包括新疆也有人来，近几年增速快，到现在有800多个病人了。以前他们只看到2010年我发表的一篇文章，在《中华骨科杂志》上，只有骨科医生知道，其他科不知道的。血液病的医生，或者脑外科的医生，用了激素他就不管了，股骨头坏死就坏死，他也不会再叫病人来的。我们新的一篇文章刊登在《中华医学杂志》上，全国各个科的医生就都知道了，病人也许还会多一点。所以这个工作是我一生当中最后的工作，还要有人来把它延续下去。

杜 大部分医生每天忙于看病做手术，在这么繁忙的工作之外能够在学术上再有自己的发现，这个似乎比较难？

董 对，有的时候精力不够就不行了，年纪大了也不行了。

杜 您跟他们一样也是从一名普通的医生过来的，您觉得作为一名普通的医生，怎么能做到在日常的医疗工作之外还能够进行学术研究？

董 这个必然的。因为临床上有很多尚未解决的问题，比如这个病有没有办法治疗，这个病能不能早点诊断，能不能用其他的办法让病人早点知道这个病，脑子里总是想这些问题，病人有痛苦你要想办法解决，你怎么帮他解决这个问题？自然而然在我们工作之余就要想到这些，那么就是说，我们要活到老学到老，还得要翻资料看书啊。不看书不动脑筋对不起国家对我们的培养。

医者仁心

· 每一次看病就是一场考试。

· 一个医生的知识不能单单局限于某一科，当你发现这个病骨科知识没有办法解释的时候，你就要拓展思维。

· 我觉得医生是否重视不是通过开药判断的，治疗有效就行了。

· 遇到没有搞清楚的问题，就要去琢磨；作为一名医生，不能解除病人的病痛，心里总是不踏实的。

看病如考试

杜 我看您的材料上说，您跟学生讲“我看每一个病人都像考试一样”，为什么要这样说呢？

董 碰到一个病人，他有什么症状，有多少可能性，就要回想一下我过去的经验或者书上怎么讲，把它理一理，等于考试吧，还需要再进一步问什么问题，逐步来达

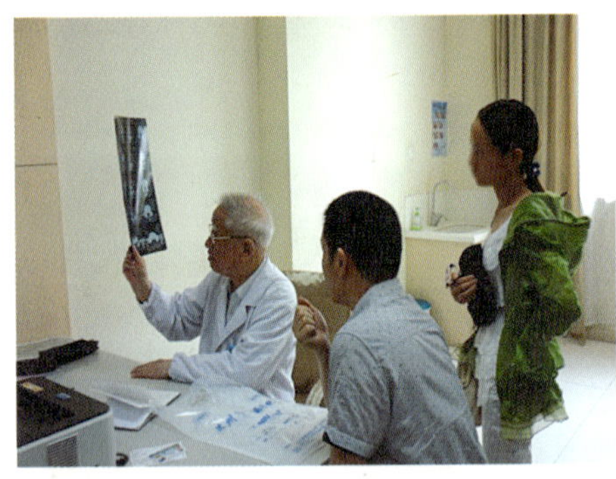

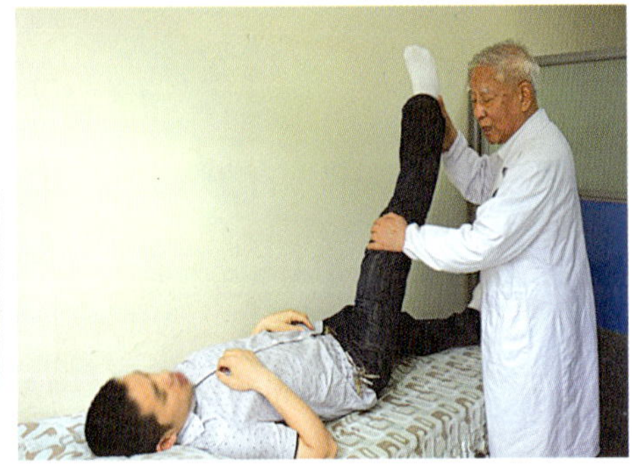

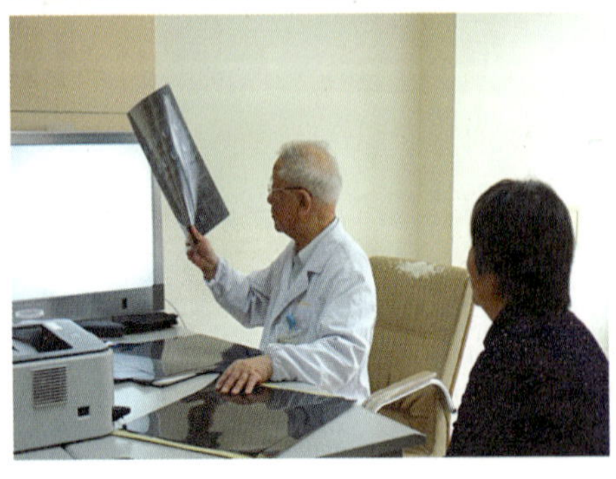

董天华89岁时仍坐诊为患者看病（摄于2015年）

董天华参加大型义诊活动为病人看病（摄于2015年）

到最后的诊断，所以说，每一次看病就是一场考试。

杜 一般我们旁人觉得病人来找您了，其实是求助于您，可是您把这个看作对您的考试，这个让我们觉得很新鲜。

董 因为有些病是很明显的，比如已经诊断出什么病了，而有的病讲出来有很多可能性，那么第二个问题要问他或者让他讲一些情况，就在这100种病里慢慢缩小到50个，50个可能性再缩小到30个，检查片子以后慢慢做出我们最后的诊断。当然难得也有些病人会说我本来是什么毛病，痛在哪个部位，比如痛在臀部，有可能是腰部的病变，有可能是髋关节的病变，有可能是另外一条腿，比如两条腿长短不一样，还有过去有过什么病，最后就是要检查。我是这样做的，你脚上有病，我要从头查起，因为有好多病是脑子里出问题了，有的是颈椎有问题了。系统检查后才能找出你所要的客观的体征，最后做出正确的诊断。

杜 可是有的病人会不会说，我明明是脚上的问题，为什么要检查头部？

董 当然问是不会问的。我讲一个实际例子，有一位病人原来是苏州市的领导，他来找我，他说他颈椎有病，手和脚都麻，片子拿出来的确是颈椎有病，而且椎间盘也有些碰到神经了，他问怎么办？我一看片子，的确这个椎间盘是碰到神经了，可是虽然是贴近但是不影响它的传导功能。后来我一想，手也麻、脚也麻，颈椎病不好解释，我说你去查查血糖，最后查出来是糖尿病。所以，骨科医生也要知道糖尿病是怎么样的一个症状，一个医生的知识不能单单局限于某一科。当你发现这个病骨科知识没有办法解释的时候，你就要想到，他的血糖可能是高的。糖尿病到一定的程度，周围神经的功能、末梢的神经都要受到损害。后来我就请神经科医生再看，神经科排除不是神经问题，还是糖尿病，后来病人就按照糖尿病治疗，现在也蛮好。所以一个专科医生不能只专在一个科室里，要有比较广泛的医学知识，也可以说是医学常识吧。

杜 那他就去治糖尿病了？糖尿病治好了这个骨头就好了？

董 糖尿病当然是治不好的，这个是自身代谢有问题，但是血糖降低以后，神经状况会好点。

杜 那这样我就能理解您说的考试了，因为病人来了以后，有病这是个结果，但是原因就需要反复去寻找，这个寻找的过程就像学生做题要解题一样，所以像考试。

董 像这个病人是比较特殊的，其他医院的骨科医生讲你脊髓不行了，颈椎要开刀了，那他就来找我了，一查颈椎不用开刀，手和脚都可以了。

杜 如果找不到原因的话，盲目去开刀……

董 这个还有危险呢，糖尿病人做手术很容易感染的。还有一个病人，也是颈椎病，有好多医生说要开刀，后来我发现他虽然突出的椎间盘和脊髓很近，但是贴近性的，没有压迫，所以我跟他说你不用开刀，后来慢慢保守疗法就好了。就是说这个病人来以后，他所提出来的，或者他自己以为的或者别的医生诊断的，到我这里都要过滤一遍，不是说别人说什么就是什么。我要从我的知识面出发，看看我所搜集的资料是不是和人家不一样，假如我否定别人的说法，也要有一定的依据，也还要经过时间的考验——不手术，过了好几年以后也很好。有的医生，特别是年纪轻的医生，一看脊髓碰到了，马上就开刀，不管他有没有症状，只拿一点来作为他诊断和治疗的依据，这个就不科学了。

杜 好像您的材料上还讲到常熟的一个患者，姓潘的？

董 股骨头坏死的。这个人具体情况我忘记了，我还有一个PPT上有他走路的样子，把他拍下来了。

杜 好像是说他不想治了，女儿去世了还是什么原因他不想治了，也是找您好多次？

董 不记得了，我以后再查查看，我们把他录下来了，吃药的，走路一点都没受到影响。

杜 他那个是什么病？

董 股骨头坏死。

杜 但是您没给他做手术？

董 股骨头坏死过去80%都是要手术的，没有药可以治疗，我上次讲过使用生长激素，至少80%不需要手术，当然也要根据病期，第三期第四期不一样了，第一期第二期绝大多数都可以不手术。第三期股骨头已经变形了，不可能吃了药把它变回圆的，圆的压扁了不可能再变圆的。一期二期骨头还是圆的，三期骨头已经变形了，三期里也有一些病人不需要马上手术，因为股骨头牢固了，性能撑得起来，软的骨头一站就痛，硬的骨头你站上去摩擦少一点他也不会痛了，所以三期的病人也不是每个都需要动手术，至少不用立即做手术，可以过一个阶段年纪大了以后，再动一次手术就解决问题了。

医生的重视不是多开药

杜 有的病人来看您的门诊，专家挂号费要100块钱，可是他看了病，您给他开的药非常便宜，就几十块钱，而且您还说要感谢病人，因为您的很多医学知识、研究发现都来自病人？

董 是的。病人提出的问题，我们要想办法找到解决的方法，就要学习研究。

杜 病人会不会觉得，开药开得太少，显得医生好像不太重视他？

董 我反对多开药的做法，因为不需要啊，为什么要多开呢？如果说多开药可以让病人觉得医生很重视他，那么我觉得，医生是否重视不是从开药看到的，治疗有效就行了。

杜 是不是还有医院有些制度，比如说开药的数量和医生的收入相挂钩？

董 我们医院没有这个情况，帮药厂里做生意啊？这个不道德的，所以很少有药厂的人来找我。

杜 那有的医生会这样想，我多开一点，这个药厂会给我回扣还是别的什么，病人回去也能报销，也不是自己承担，所以这样一想会不会心安理得？

董 我不知道他们怎么想，反正我不干这个事情的。

杜 如果他那个药是一种新药，有效果呢？

董 有效果的我当然要开的。

杜 现在是不是有一种情况，就是说那种便宜的药反而治病效果好，有的药换了个包装，提了价格以后成分还差不多？

董 有可能的。我碰到的比较少。

杜 您坐门诊的时候，比如到几号的时候就会停止挂号，但如果病人有迫切的情况……

董 那时候规定10个号。如果病人来求我，我就答应了；不来求我，我也不主动去做。有的人有些特殊情况，比如从哪边跑多少路过来的，从哪个县里面过来的，请求我能不能给加个号啊，这种情况有的，有的时候写一个“加一、加二”；也有的病人身体很差的，就不让他跑去加号了，我就说，算了算了，我给你看就行了，这种情况也有的。

杜 后来您坐门诊的时候，自己年龄也比较大了，加病人以后，会不会自己也觉得比较累，而且看多了以后会不会精力不够？

董 规定每个上午10个号，可以加到12个号，一个小时看4个病人，有一个助手在，我开药，她就在电脑上面打上去。

杜 材料上还提到您自己有病还排过队去看病，有这事吗？

董 我们医院有个方便门诊，自己人挂号不要钱的。有时候我去挂号，比如挂了32号，但前面医生才看到了二十几号，那我怎么办呢，也得等啊，我也不能自己跑进去说，让我先看，不能这样子的。

杜 “方便门诊”是什么意思？

董 方便门诊就是有些老病人，病的诊断比较明确了，每个月要开多少药，用哪些药也已经定型了，不需要医生再去改药了，定期要开药的就弄一个方便门诊。方便门诊那时候很便宜的，可能五块钱，医生一看病历是什么病，就开药。现在我到医院去，就方便门诊挂个号，等轮到我了，我就让他帮我开药。

杜 那像那些医生大多数都是您的同事甚至您的学生，您说一下不就行了吗？

董 大多数是学生，这个不好说的。有一次大概是半年以前吧，外面没地方坐，对面凳子上空着，我就去坐一下。结果有同事一看见我，问我怎么样，几号，还没到。就说来来来我帮你开。

杜 您看病直接去找某个科的医生，直接找他不就完了？

董 没有门诊的东西不好开药的呀，还是要通过门诊才能打上去，才能在付款的地方付款，有一定的手续的，不按手续拿不到药，要付钱交费，开处方以后出去交费，方便门诊就可以了。

杜 您自己就是医生，需要什么药可以自己开吗？

董 不能开，自己不能给自己开，这个有规定的。

杜 还有其他什么病人让您印象比较深的，有没有送点锦旗什么感谢您的事情？

董 有的病人会带点农村里的土产品来找我，那我就尽量叫我对面的学生助手替我开处方，然后让他把土产品拿回宿舍里去分分吧。有的病人进来后往里面一放，我们也不知道，门诊看完以后一看，谁拿来的？也不知道，只好拿回家了。

杜 这一般都是老病人？

董 老病人。

杜 有没有老病人，您非常熟悉他了，他跟您已经成朋友了，给您送点什么表示感谢的？

董 像股骨头坏死，每3个月要来复查一次的，这些病人我都很熟悉了。也有要表示什么的，比如有一次，是一个老干部吧，把钱拿出来了，我马上退给他，给我钱干什么。

杜 给您送红包的情况比较晚了吧，应该是2000年以后的事情，像您在80年代看病的时候这种事情比较少吧？还有五六十年代、70年代更不可能了吧？

董 对。

杜 像这种社会风气的变化，看病的过程中您也能有一些感受，这么多年来医生和病人的关系每个时代也会有一些变化？

董 怎么讲呢，很难回答的，好像没碰到过对我提出什么不合理要求的人。

杜 我认识的一些医生朋友说，在20世纪八九十年代的时候，病人对医生是非常信任的，作为医生会为了治好病人的病，敢于进行探索性的治疗方法，后来发现病人都不太信任医生了，就开始考虑怎么安全怎么来，不太敢去冒一些风险探索新的治疗方法，不知道您有没有这样的感觉？

董 因为我现在接触面很小的，所以我没有这方面的感受，不太了解目前这方面的情况。

退而不休

杜 您是2000年退休的，可是退休之后您又被返聘，还坚持去医院里看门诊，参加会诊、博士生答辩这样的活动，为什么您没有像其他老年人一样，退休后享享清福呢？

董 有几个原因：第一个，我觉得当时我的身体还很好；第二个，我觉得我还有那么多没有完成的事情要做，还有那么多的难题要研究；第三个，我觉得多动动脑子，多工作，对我自己也是有好处的。

董天华89岁时仍坐诊为患者看病（摄于2015年）

杜　那像您这样有着丰富经验的专家，为什么医院不能让您不退休呢？

董　2000年以后苏大规定，所有的人到年龄就退休，不带研究生了，所以我也是2000年以后就不带研究生了。因为苏州医学院并到苏州大学以后，没有医学院只有医学部，医院也直属苏大了，成为苏州大学附属第一医院，所以就按照苏大的规定来的。

杜　那2000年的时候您身体还是非常好的，应该还是有精力带学生的吧？

董　也许吧，2000年我多大年纪啊？74岁。

杜　那时候您停招博士生和硕士生，那可能对很多学生来说是非常难过的，本来想考到您门下的。

董　后来呢，我的学生黄立新，他可以带硕士的，他收两个学生，一个就交给我带，我实际上还在带，当然这两年也停掉了。

杜　其实当时您的学生就采取了一个变通的方法，就是他招了研究生然后让您带？

董　是，我帮他带了5个还是6个吧。

杜　虽然您2000年退休了，可是您对股骨头坏死的研究并没有停止，而且还有新的突破，这是怎么做到的？

董　遇到没有搞清楚的问题，就要去琢磨。作为一名医生，不能解除病人的病痛，心里总是不踏实的。为了使我的"药物治疗早期非创伤性股骨头坏死"的方法能够被大家接受，必须要积累相当多的病例，而且要有较长时间的随访，所以就活到老，学到老，工作到老吧。好在我身体还可以，就是有一只眼睛不行了，看东西有点吃力。

终身成就奖

杜 在您家的客厅里放着这个奖牌，"终身医学成就奖"，您能介绍一下这个奖是怎么来的吗?

董 有两个奖。这个奖是2016年颁发的"终身医学成就奖"，还有一个是2013年颁发的"江苏省医师终身荣誉奖"。

杜 这两个奖的区别是什么呢?

董 全省大概六十几个人获得了这个"医师终身荣誉奖"。"终身医学成就奖"比"荣誉奖"更有分量，江苏省医学会2016年总共评出了八个"终生医学成就奖"，六位在南京，一位在徐州，一位在苏州，就是我。这个奖是不太容易拿到的。

杜 当时评这个奖是因为什么呢?

董 江苏省医学会于2009年制定并颁发了《江苏省医学会优秀会员评选表彰办

2016年，董天华荣获江苏省医学会颁发的"终身医学成就奖"

2016年，江苏省医学会第十次会员代表大会授予董天华（前排左二）等“终身医学成就奖”

法》。《办法》规定：“‘终身医学成就奖’授予会龄30年以上，从医45年以上，曾任中华医学会分会常委以上或本会下属的分会主任委员职务，具有优异的学术成就和公认的学术地位，在本学科做出过开拓性贡献，德高望重，热心学会工作，为学会做出了突出成绩与贡献的资深会员。”

杜　当时这个奖颁奖是在哪儿？

董　南京。医院用车子把我送过去，一个张医生陪我去，还有一个司机，三个人一起住了一晚上，第二天开会就颁这个奖。

杜　是一个全省的什么会？

董　当时是在江苏省医学会第十次会员代表大会上颁发的。

杜　谁给您颁的这个奖？

董　给我颁奖的恰好是阮长耿院士，不知道是不是巧合，还是会议安排好的。他在江苏医学会很有声望的，是主要成员。上去站好一排领奖，一抬头是你啊，自己人，巧得很。

杜　那这个“终身荣誉奖”又是怎么回事呢？

董　这个主要是江苏省医师协会评的，它的评奖标准是：年龄在85岁以上，从医60年，德高望重，医术精湛，为江苏省医疗卫生事业做出了重要贡献的优秀代表。表彰词大概是说，受表彰的医师从各个专业不同侧面反映了江苏省医师胸怀祖国、热爱人民，悬壶济世、治病救人，学为人师、行为示范，默默耕耘、无私奉献的

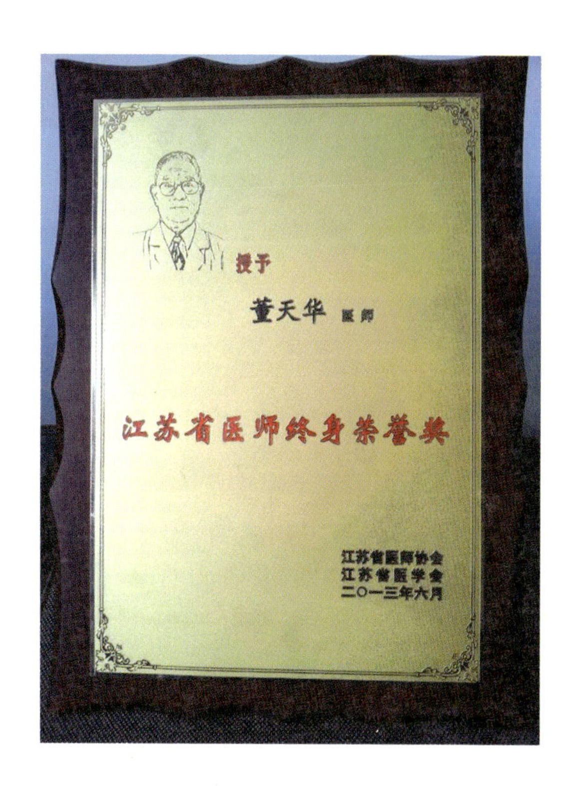

2013年，董天华荣获江苏省医师协会与江苏省医学会颁发的“终身荣誉奖”

2013年，董天华（前排左四）领取江苏省“医师终身荣誉奖”证书

1999年，苏州市人民政府授予董天华首届“苏州名医”称号

高尚精神。

杜 除了这两个奖，您还获得过其他很多的奖和荣誉称号，比如1999年苏州市人民政府授予的“苏州名医”，江苏省医学会骨科学分会给您颁发的“杰出贡献奖”，苏大附一院给您颁发的杰出贡献奖，等等。

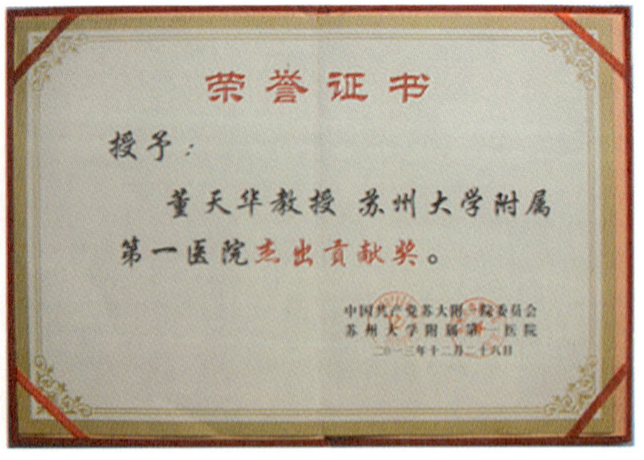

2012年，董天华分获江苏省医学会骨科学分会和苏州大学附属第一医院“杰出贡献奖”

董 都是对我工作的一种承认吧，没有什么的。给你看一个什么呢，天津医院全国骨科进修班，他们要弄一个博物馆，天津的泥人张你们有没有听说过？

杜 听说过。

董 他专门从天津过来到我家里来，天津医院在全国骨科是比较有名的，所有的全国性医学杂志都在北京，只有骨科杂志还在天津，我在天津进修一年，天津比较有名的泥人张的第四代传人，他专门做了一个作品，送给我作为纪念。

杜 这个人是谁？

董 天津泥人张的后代，他来的时候送给我一个纪念品。天津医学院骨科进修班要办一个博物馆，中间选一部分人，要把我的资料放在博物馆，在那边进修以后有一定成就的人，要放在里面来显示他的成就。

杜 您是其中的一位？

董 嗯，他们觉得可以放得上去的。

杜 2018年11月，您又获得了中华医学会的骨科“杰出贡献奖”？

董 11月21日，中华医学会第二十届骨科学术会议暨第十三届COA学术大会在厦门召开，这个大会是中华医学会所有会议中体量最大、规模最大、影响力最大的国际骨科盛会。中华医学会骨科学分会的发展壮大离不开一代代骨科同仁的不懈努力。经中华医学会骨科学分会第十一届委员会讨论通过，一致同意对骨科界院士及已卸任的全国委员分批进行表彰。那么，我呢作为中华医学会骨科分会卸任的常务委员，就被授予了骨科“杰出贡献奖”。

・我儿子到了巴黎医院以后，法国医生觉得他的手术基本功还是可以的，进修后期就让他担任主刀参与手术了。

・女儿工作了三四年后，报纸上面登出来，说她是『教坛新秀』，后来慢慢当上了草桥中学的校长。

・我的三姑妈教会了我这首曲子，『Sweet Bye and Bye』，我把它记住了，一直到现在都没忘记。

・我和我爱人年轻时候经常一起演出的。我担任指挥，她是女高音，领唱。

杜 我看您家里墙上的这些照片，好像从您小时候到现在，您家一直是个大家庭。请您介绍一下照片里的家庭成员，我们就从中间这张开始讲起，这应该是年代最早的一张？

董 这些都是我小时候的家庭照。我父母养了我们六个孩子，那个年代照了一些全家福吧。

杜 那这张照片是？

董 这是2012年我的全家福，我的这边是我女婿和女儿，这边儿子跟媳妇，后面两对，这是我的孙女儿，那个是外孙女儿、孙女婿、外孙女婿，还有一个小宝宝。

杜 四代同堂。

董 这是2015年我90岁生日，多了几个人了，女儿女婿，儿子媳妇，多了两个宝宝。

杜 而且那个照片里的宝宝长大了。

董 第四代，这是2016年，在小区大门前面拍了一个照。

杜 这张照片人多，是大家族了。

杜 这一张，小孩子又长大了一些。

董 这是今年照的。

杜 家里的墙上都快挂满照片啦……

董 我们的女儿和儿子都有着他们自己幸福的家庭，更使我感到十分欣慰的是，第三代也都秉承家风，学有所成。现在我们已经四世同堂，每年都有一张幸福美满的全家福照片挂在我家客厅的墙上。

2012年全家福

2015年全家福

2016年全家福

2017年全家福

杜 看着这幸福的一大家子，想知道您是怎么培养、教育您的孩子的？

董 倒也没有什么特别的教育，就是给他们做个榜样吧，他们看着我们每天看书学习，在医院里忙着给病人看病，自然也会受到很多熏陶。另外，在家里我管他们比较少，主要是我爱人她管得多些。

董天华夫妇与女儿董启梅、儿子董启榕合影（摄于1960年、1965年、1973年、1979年）

杜 我看到您的材料上写附二院的董启榕主任是您的儿子？他也是学骨科？

董 是，骨科。

杜 那您是怎么培养他做骨科的？

董 他也喜欢做骨科。苏州医学院本科毕业以后，他先被分配到苏州二院，工作了大概四年多，就考研究生，考到附一院，在我们骨科病房里做住院医师。做了没多长时间，也是在他读研究生期间吧，我就介绍他到法国去，在巴黎市里的一个骨科医院进修，总共20个月。由于他基础还是比较好的，到了巴黎医院以后，法国的导师觉得他的手术基本功还是可以的，进修后期就让他担任主刀参与手术了。

杜 法国人怎么知道他做手术很好的呢？

董 他在法国跟导师嘛，手术的时候，导师问，你们在中国是怎么做的？他就告诉他们我们在中国是怎么做的。那个导师一惊，说好像你们蛮先进的，就有这一个感觉，说不错，你们已经能够做这样子的了，觉得我们苏州骨科已经蛮先进的了。我听他说过这么一件事。

杜 那他读博士是在哪里？

董 硕士在附一院，博士到附二院读的。导师是郑祖根教授，原来也是我们骨科八大员之一，后来调到附二院去的。

杜 那他是不是从小受您影响才学的骨科？

董 有可能的。

杜 在家里会不会和您谈论骨科方面的研究？

董 机会不多的，因为后来就不住在一起了。

杜 他主要研究哪个方面？

董 也是关节吧。

杜 那他在附二院的骨科也是带头人了吧？

董 是的，他很努力的。2000年他受聘为教授、主任医师，2001年成为博士研究生导师，还获得国务院津贴。当时，在同一个学校内，父子同为博士生导师，是比较少见的，我对此感到很欣慰。你想我儿子那么年轻已经是博导了，我是到60岁才开始当博导的。2000年起他担任骨科主任、大外科主任、外科教研室主任。现在年龄到了，行政工作不做了，研究生还在带。

杜 您的儿子和女儿应该都在“文革”中耽误了很多读书的时间吧？

董 还算幸运。赶上“文革”结束恢复高考，都抢过来了。

杜 您的女儿后来做了什么工作?

董 我女儿比儿子大3岁,1968年初中毕业赶上"上山下乡",就到了苏北大丰的农场里当了一名机修工,下乡整整10年,那时候通信啊、交通啊都很不方便,只有在每年春节时才能回家一次。有两次她妈妈想她想得厉害了,就独自坐长途车和过江轮船,去农场探望女儿。我也借出差到苏北会诊讲课的机会去看过她一次。1977年,国家恢复高考,为了能让初中毕业的女儿考上大学,她妈妈每周都要把物理、化学、数学等资料邮寄去农场,叫她自学。她自己也在收音机里听英语。"文革"后期,高考恢复,她就去考大学,1978年终于考上了大学,读了英语专业,毕业以后就到苏州一中去教英语。她的英语还是有点天赋的,工作了三四年,就上了报纸,报纸上登出来说她是苏州市首届"教坛新秀";后来她慢慢当上苏州一中的中层干部,以后又获得了"全国优秀外语教师园丁奖"和"江苏省五一劳动奖章",先后当选为江苏省第九、第十和第十一届人大代表。

杜 那她现在也退休了?

董 退休了。

杜 那您的孙辈里还有学医的吗?

董 没有了,我的孙辈里没有学医的。我的孙女儿也不错的,但她不想学医,她说太苦了。

杜 "太苦了",为什么那么说呢?

董 可能一天到晚看书吧,工作也是不定期的,晚上经常加班什么的。

家的搬迁

杜 我们第一次来找您家的时候，这里有好几个门，弄不清哪个是您家，我们就问附近的居民，说找附一院的董教授，他们说董医生我们都知道的，把您家的门牌号还说得特别清楚，是不是周围的人都认识您？

董 那有可能，我住这里17年了。

杜 是不是周围有人找您看过病？还是您经常在附近走动，所以认识您？

董 因为我们不太有时间跟周围邻居打交道，就前面一幢我们认识几家人，其他的没有机会碰到。

杜 您住在这里17年，那之前您家是在哪里？

董 我一共搬了好几次家，刚到苏州就住在医院附近吧，天赐庄那里。

杜 算是集体宿舍吗？

董 半集体宿舍吧。后来结婚以后，我们就搬到天赐庄的26号，一栋洋房里，一大间，两小间，一个厨房。就在教堂的西面，现在一看房子还在，后来成了一所幼儿园。

杜 那是属于洋房的结构，也是当时外国人建的房子？

董 对，现在都保留着的。

杜 再搬家就是？

董 1958年，记得很清楚的。

杜 是原来牧师住的房子？

董 对，教堂里的牧师吧。那个房子住的时间长了，1958年到1991年，住了34年。1991年又搬到了天赐庄2号，现在的苏大本部西门口，我们医院的一批家属楼。

杜 天赐庄2号是后来建的？

位于天赐庄26号的洋房曾是半集体宿舍，董天华一家住在左面一层，楼上和右侧还住了另外三家

董 医院建的，是新楼，本来是护校。我们博习医院原来专门有个护校，博习护校的护士全国都来抢着要的。我到上海一个医院去参观，碰到过我们博习护校毕业的护士，我到北京去也碰到过我们博习护校毕业的护士。我在那个房子里住了11年。

杜 那什么时候搬到现在这个房子里的？

董 2001年就到这边来了，那个时候开始实行自己出钱买房子了，原来住的都是医院分配的。这个房子125平方米。

杜 那您搬到这里以后就一直在这住，有没有在其他地方再买房子？

董 没有。

杜 当时这个位置蛮好的，离医学院也近，离医院也近。

董 对，我们当时就是考虑到这个，因为医学院当时也有事情的，我要经常去医学院讲课，还要去图书馆，事情很多。

杜 您去附一院上班是走路去吗？

董 走路。还进病房上班的时候我都是自己走着去的，有时候也骑自行车。这几

董天华与夫人张联璧在家中（摄于2015年）

年年纪大了，我就包了一辆三轮车，每天固定时间来接我。那个时候已经是只坐门诊，不进病房了。

杜 您虽然搬了好几次家，其实一直都在医院附近，都是出于对工作的考虑吧？

董 离医院近嘛，总归方便吧，有时候有些情况可以随时到医院里去。

杜 您工作了70年，我原来想着家里一定是富丽堂皇的，没想到这么简朴。

董 家嘛，够住就行了，不需要弄多大多华丽。另外，家也是我工作的地方。

音乐情缘

杜 想请您聊一下您一直以来跟音乐的情缘。

董 我小学的时候家里好像有架钢琴作为摆设，抗日战争爆发以后，我随家人搬到上海我的祖父家里，我们在祖父家暂时住了一个月。在此期间，我的三姑妈，她那个时候还是医学生，回家里来，看见我在钢琴上弹，她就说我来教你弹一首曲子，"Sweet Bye and Bye"（《甜蜜奏鸣曲》）。我记得她回来过两次，教了我两次，我就把它记住了，一直到现在没忘记。

杜 您的三姑妈是医学生？

董 她当时是在上海一个妇产科医院念书。

杜 她是在什么情况下想起来教您那首曲子呢？

董 她可能到家里来，看见我瞎弹，在弹其他的曲子，就说我来教你。没有正规的乐谱，教一次，第二次再来教一次，我就记住了。

杜 那首曲子当时您是一下子就喜欢上了？

董 挺好的，这首曲子是很感动人的。

杜 怎么感人？第一次听是什么感觉？

董 没什么感觉，就喜欢上了这首曲子，而且它一个旋律有五种不同的变奏，不同的演奏方式，所以反反复复在脑子里面，印象特别深刻。

杜 您之前学过音乐吗？

董 没有正式学过。

杜 那后来有没有学过？

董 也没有正式学过，就是自己学。我中学在上海惠中中学上学，这是个教会学校，有年暑假，我去图书馆找了一本教和声的书，上面都是英文，那个时候我的英文水平不行，但也看得懂，这个也使我以后在音乐方面有了很好的基础。

杜　那上了高中呢？

董　高中时，音乐课老师是一位外国妇女，在一次上课结束时，这位女老师对我说，她可以另选时间单独教我唱歌。我没有敢答应她，当时单独辅导的费用很贵。但是老师的肯定，使我对自己的唱歌能力有了很大的自信。我和中学里面的三个同学，我们一起搞男生四重唱，这个在教会里面大家都知道的。我是第一男高音，经常没事就在校园里面唱唱。那时候我的高音能唱到降B调，现在年纪大了，我还可以唱到E调，而且保持原来的音色不变。

杜　您到了大学以后还保持这个爱好吗？

董　那个时候上海有两个教会，你知道教会他有个唱诗班的，年轻的唱四部合唱，人数不多，二三十个人，我去当指挥了，两个教会我都去的。有趣的是，有一次在休息的时候，一个教友来问我，你在哪里上学，我说我在上海医学院，他说上海音学院？那个时候上海音乐学院不叫“音乐学院”，叫“音学院”，我说我是上海医学院，他听成了上海音学院，觉得我很了不起。我呢，就将错就错吧，因为那个时候

1943年，董天华（后排右一）毕业于上海惠中中学时与同学合影

音学院出来做指挥的比较多，所以他一听就误以为是音学院。

杜　到了苏州以后呢？

董　到苏州以后呢，哎奇怪了，这个苏州基督教青年会来找我了。他说我们要准备组织一个合唱队，请你来当指挥，我说你怎么知道我呢，后来我才知道是因为上海基督教跟苏州基督教是有联系的。当时他们就组织了一个以医生、教师为主的合唱队，我去当指挥。它里面有好多音乐教师，我一个医生去当指挥，因为我基本上都能够满足他们的要求吧。

杜　除了在外面参加音乐活动，医院里面参加吗？

董　在医院里面呢，我也经常组织大家一起来唱歌，好多大合唱都是我当指挥，包括到市里边去比赛。有一次，苏州医学院那个团委书记晚上突然来找我，他说你快来救火！我说什么事情？他说，你来给我们当指挥。原来是我们苏州医学院一个合唱队在市里面比赛，全市的大学合唱队比赛，他们原来的指挥呢，是请苏州中学一位教师来担任的，第二天要比赛了，突然知道不能请外单位的人来当指挥，要求独唱、领唱、指挥都要是苏州医学院的人。我说试试看吧。这样我来指挥，练习了两次、三次就行了。第二天去比赛，我们苏州医学院得了第四名，第一名、第二名、第三名都有音乐系的人参加，等于说，我们医学院是在没有音乐系的大学里面最好的，所以说明我基本上还能应付吧，应付这个想不到的事情。

杜　您喜欢唱歌，喜欢弹钢琴，但怎么就能做指挥呢？一般人，你看他会唱歌、会弹琴，他都未必能做得了指挥，这个弹琴、唱歌跟指挥有什么关联吗？

董　应当有关联的，我那个时候在中学里面有个音乐老师，他是教会里面做指挥的，后来他不指挥了，没有人指挥，然后我说我来吧。我用学他的这个指挥的方法、手势，和两个老师轮流做指挥，后来他们都不做了，只有我在做。

杜　一般来说，唱歌、弹琴，基本上你唱好、弹好自己那部分就可以了。可是作为一个指挥，他要有一个全盘的感觉，就是这部分人唱什么调、那部分人唱什么调，这个要清楚。

董　要听得出来的。一听你这男高音唱错了，男低音怎么不出来，可以说我的耳朵是最灵敏的，弄堂口哪一个人讲话响一点我也听得见，汽车进来、电瓶车进来，他们都没听见，我听见了，我听觉特别灵敏。

杜　可能跟您长期喜欢音乐有关系？还是因为灵敏所以喜欢音乐？

董　听觉天生的，特别灵敏，就是声音高低也分辨得出来。

董天华担任医院教授合唱团指挥，多次参加苏州市各类比赛和演出

杜 您作为一名医生，这么喜欢音乐，听起来觉得蛮有意思的。

董 我呢喜欢唱歌，也喜欢弹琴，音乐对我来讲，是生命的一部分吧，我基本上每天都要弹一次琴，弹了以后我心情很愉快。

杜 后来您做了院长之后，像这种活动还参加吗？

董 参加的，我当院长以前还当过工会主席，工会主席也关心群众的文艺活动。

杜 那首“Sweet Bye and Bye”，从您姑妈教会您，到现在应该有七十多年了吧，为什么您还记得呢？

董 因为我很喜欢，经常弹。而且三年前，我从网上把这个曲子下载下来了，看了看跟我弹的这个曲谱基本一样，就是第三段跟第四段顺序不同，我12345它是12435，我觉得这个事情倒是很有意思。

杜 您这个手抄的乐谱，现在还留着吗？

董 留着，我给你找出来看看。

杜 哦，这个就是？

董 就是。为了去表演时有个乐谱让别人可以配伴奏，所以我自己写了一下，写了一共四页。

杜 这是哪一年的事？

董 大概2000年吧。

杜 噢，这是五线谱啊。

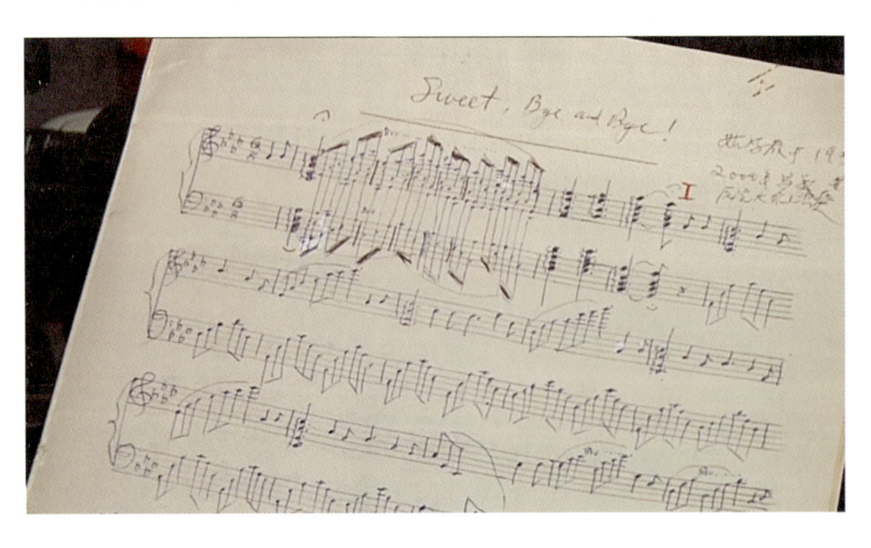

乐谱照片

董天华有着很高的钢琴造诣，弹奏钢琴是他业余生活的重要组成部分（摄于2015年）

董　钢琴只能用五线谱。

杜　五线谱应该很复杂，您要把它写下来？

董　嗯。

杜　这里还写着"姑妈教于1938年，然后2000年写成，并在医院晚会上演奏"，写得很清楚。我看这里还有一个谱子，这是个什么曲子？

董　这个叫《无名进行曲》。这是我姑妈教我的第二首曲子，没有名字的。

杜　《无名进行曲》也是您后来在网上找的？

董　不是，我自己弄的，在电脑上面弄的。

杜　在电脑上您也能写成五线谱？这个太不容易了。

董　对，这个很花费时间的，现在眼睛不行了，不好弄了。

杜　那这个"Sweet Bye and Bye"，您有教给孩子们吗？

董　教过的。我的女儿、我的孙女、我的外孙女都是我亲自教他们的，她们也都会弹，这个要传承下去的。我儿子不行，儿子没有乐感，可是我的孙女也有乐感，隔代遗传的。

杜 您除了喜欢这首曲子外，后来有没有喜欢上其他更多的曲子？

董 我弟弟从香港买了这本书，*Piano Pieces the Whole World Plays*（《世界钢琴名曲》），那时候内地还没有，他从香港买来的，这个上面有好多曲子，里面有好几首我会弹的。

杜 那个曲谱现在还有？

董 对。

杜 您平时比如说工作压力很大的时候，或者说不是太开心的时候，会不会用音乐来释放自己？

董 会的。

杜 那您弹琴时会不会想着医学的科研问题？

董 想不出来，就是调剂么，把这个放到一边去。

杜 会不会这两个之间会互相启发，或者是音乐启发您的科学研究？

董 好像没关系，两条路。

琴瑟和鸣

杜 上次您说跟师母认识就是因为唱歌？

董 那个时候医院里也有一个小的合唱团，一起唱歌大家就认识了。博习医院是个教会医院，医院里那个时候有唱诗班的。我们两个都喜欢唱歌，每个礼拜都有唱诗班，就是在门诊里做一个小礼拜，要唱诗，就这样练唱的时候大家就熟悉了，后来就有好感了。

杜 这个唱诗班有多少人呢？

张 顶多10个人吧，不多的，有一个是牧师。

杜 你们结婚这几十年，是不是两个人也会经常一起弹琴、一起唱歌？

董 她弹琴不怎么好，唱歌都唱过，她也在开明大戏院演出过。

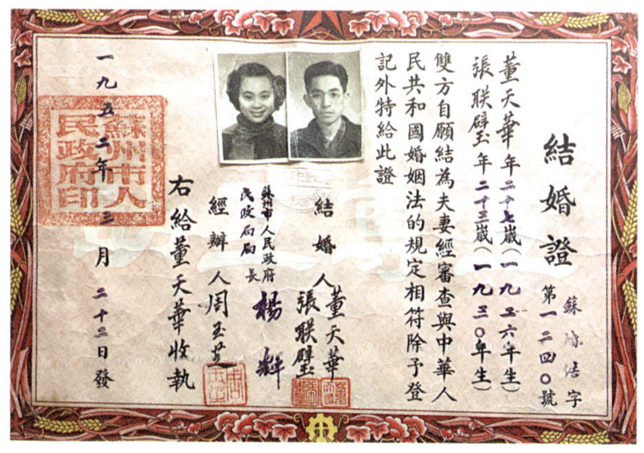

結婚證

蘇[illegible]結字第一二四〇號

董天華年二十七歲(一九二六年生)
張联璧年二十三歲(一九三〇年生)
雙方自願結為夫妻經審查與中華人民共和國婚姻法的規定相符除予登記外特給此證

結婚人 董天華 張联璧

蘇州市人民政府民政局局長 楊[illegible]

經辦人 周[illegible]

右給董天華收執

一九五二年三月二十二日發

蘇州市人民政府印

1952年，董天华与张联璧结为伉俪

杜 弹琴应该也不错的，那次您弹的时候，师母还说您弹错一个音。

董 五线谱她不太熟悉，普通的音乐她可以弹弹。她唱歌倒是唱得蛮好的。

杜 你们一起去演出过吗?

董 年轻时候经常一起演出的。我担任指挥，她是女高音，领唱。

杜 那时候唱的都是什么歌，还记得吗?

董 什么歌都唱的，《幸福大合唱》，现在叫《祖国颂》，还有苏联的歌曲。

杜 你们以音乐结下情缘，那在日常生活中，是不是也配合得非常默契?

董 多年来，家里的所有家务几乎都是由我爱人一个人承担。女儿2岁时，我去天津进修了14个月。1982年，核工业部派我去法国学习医院管理，为期1年。在这期间，她都能做到工作家务两不误，并做得井井有条。我的衣物自己都不记得放在哪里，她都能一件一件找出来。

杜 您平时为什么那么忙呢?

董 因为我经常外出会诊。江苏省内几乎有一半以上的县市的骨科，都有我会诊的记录。我多次去往南京、杭州、青岛、大连、武汉等地，主持研究生毕业论文的答辩；我还去广州、重庆、齐齐哈尔、乌鲁木齐、丹东、丹江口、昆明、香港、济南等地参加学术会议。

杜 那师母她平时工作不忙吗?

董 她也很忙的。她后来做了医院的检验科主任，长期在实验室工作，既要做临床，也要做细菌、生化、血库……既要兼课，也要搞科研。她曾与陈忠合作翻译了

2012年，董天华与张联璧迎来钻石婚

一本《诊断细菌学》，还被选为江苏省《临床检验杂志》的编委，也经常因为工作需要去外地开会、审稿，她在国内检验这个领域也是具有一定知名度的。

杜 那师母真的很厉害，里外都是一把好手啊……

董 我能取得一定成绩，一半的功劳属于她。我获得的那些奖项，一半功劳应属于我的爱人。

2018年，两人相濡以沫并肩走过66年

长寿秘诀

杜 您今年92岁高龄了，身体还这么好。想请教一下您长寿的秘诀是什么？

董 我喜欢运动。

杜 您喜爱什么运动？

董 我记得我在很早的时候，在上海惠中中学，现在叫五爱中学，就经常参加上海的篮球联赛，我们学校里面篮球运动开展得比较好。有一次他们说，成立一个体重在100磅的百磅篮球队，实际上一百斤还不到，那个时候我瘦小，正好够的，所以我也参加百磅篮球队的。我那时候喜欢打球，特别是篮球。反正有球我就经常去打打，出出汗。大学的时候条件就差了，都在上海的华山医院上课、见习，根本没地方出去玩。就是从家里到学校骑自行车一刻钟，这也算是运动吧。

杜 那到苏州博习医院以后，工作那么忙，您还有时间运动吗？

董 到了苏州以后条件好了，我们经常打球，我们博习医院不是挨着东吴大学吗，那时候苏州大学还是叫东吴大学，东吴大学的篮球队要我们去跟他们比赛，我们医院一共只有五个人会打篮球，当然打不过他们东吴大学的。当时东吴大学一个体育馆条件很好，我们老医院也有一个篮球场，我们经常去打打球玩玩。我们那个时候还到无锡去打球，无锡有个普仁医院，也是个教会医院，跟我们医院等于是兄弟医院，我们有一次还坐汽车到无锡那里去打比赛。所以我主要的业余活动就是打球。另外，我记得从1987年开始，我住在苏州大学西校门附近的天赐庄，我在那里住了几年，每天早上约我的同事到苏大篮球场去打球。

杜 那您搬到这里以后，年纪也大了，还能打篮球吗？

董 2000年搬到这里以后，这里没有球场，那我上班就走路。退休以后呢，每天下午我要从这里走到人民路和十梓街交叉路口，医学院再过去交叉路口，每天走

2015年，90岁的董天华依然精神矍铄

一次，来回半个小时，当然现在慢慢缩短了，就在巷子里面走一圈。90岁以后就每天到南林饭店去转一圈，年纪大的人，走路是唯一的运动吧。

杜 您每天走路有固定的时间吗？

董 一般是下午三四点钟。

杜 那您还要去医院上班的那些年里，包括您当院长工作那么忙的时候呢？

董 那个时候就没条件，那工作本身也是运动，外科手术也是运动。

杜 除了运动之外，您还有别的什么对身体有帮助的养生方法吗？

董 不抽烟，每天晚上喝点葡萄酒。

杜 晚上喝点葡萄酒有什么作用呢？

董 一个是镇静作用，有助于睡眠；一个是防止脑血栓，促进血液循环。

杜 可是它毕竟也是酒啊？

董 它里面酒精成分很少的，没多少作用，喝得也很少，20毫升吧。

杜 现在您每天还喝吗?

董 最近一个阶段,因为眼底出血,我就稍微停了一下。如果天太热,我也不喝了。

杜 那饮食方面呢?

董 荤素搭配,吃饭八分饱;定时睡觉,中午十二点半到两点钟午睡,晚上十点钟睡到第二天六点钟起床,八个小时。睡眠是很重要的,睡得不好整个人都会受影响。

杜 那您身体好跟您爱好音乐有什么关系吗?

董 这个倒不知道,不过我每天都要弹半个小时到一个小时钢琴。

杜 跟您家族长寿的基因也有一定关系吧?

董 我母亲90岁、父亲87岁、外婆90岁。

杜 他们那个年代能活90岁应该是很不容易了吧?

董 是,所以长寿基因可能有点关系的。

杜 那运动与骨骼健康有关系吗?

董 运动对骨骼肯定有帮助的。

杜 不运动会不会导致骨骼的老化?

董 这倒是没关系的。

杜 有的人说老年人需要吃钙片补钙,这个科学吗?

董 一般饮食,假如不挑食的话没多大需要的。女性呢,因为绝经期钙的流失比较多,所以更容易骨质疏松,男性比较少一点。我专门有PPT讲骨质疏松的。另外,关于老年健康、运动,都有的。

杜 您平时有没有要吃点什么补钙的东西?

董 就是正常饮食,我基本上不吃什么补药的,就吃高血压的药、防止脑血栓的药、阿司匹林,这三种药不能停的。我有一点轻度的高血压,每天两个半粒,等于吃一粒药吧,年纪大血压也不能太低的;阿司匹林每天一粒,这个主要控制血压,防止血凝。总之,人要健康,年轻的时候要多运动,另外平时还要注意饮食和睡眠。

他人看他

张联璧[1]：家里事都是我管

杜 您这个名字起得好，珠联璧合的意思，这是谁起的？

张 我父亲。

杜 据说您父亲是苏州电厂的奠基人？

张 我父亲那个时候是在南洋公学读的书，他跟邹韬奋是同一个宿舍的。

杜 南洋公学在哪里？

张 在上海。南洋公学就是上海交通大学的前身。毕业后国家公派他到美国威斯康星大学去留学。

杜 那应该还是属于民国时期？

张 对，1922年、1923年的时候他去留学，后来他在GE公司[2]工作了一年，那个时候读了硕士。现在我的孙女婿、外孙女婿都在美国，也都是属于GE公司的，他们查了我父亲在美国的履历，还查得到。

"他就说，我们做朋友吧。"

杜 您和董老是什么时候认识的？

张 1949年。我们都是1949年7月份到博习医院工作的。

杜 那您是哪儿毕业的？

张 现在的苏州大学不是有个红楼么，红楼前面有个石头的碑——景海女中。景

---

① 张联璧（1931—2018），董天华夫人，曾任苏州大学附属第一医院检验科主任。

② GE公司，即美国通用电气公司，由托马斯·爱迪生于1892年创建。

海女中一部分是师范，幼师，一部分是高中。我是景海女中高中毕业，高中毕业本来可以上东吴大学的，那时候我母亲去世了，风湿性心脏病……

杜 家里就不太想让您上学了？

张 对。我父亲电厂跟博习医院是有关系的，因为他这个电厂比较大，职工医疗都是和博习医院挂钩的，所以他也是博习医院董事会的成员。那个时候他就跟院长说，我女儿毕业了，你们要不要？那么我就到医院了，就搞化验。我们这个博习医院也有个称谓叫college，我读了两年半也给了我个文凭，也是college文凭，等于是在职培养的。

杜 所以您是在博习医院的检验科工作？

张 嗯，我一直在检验科。

杜 除了同事关系还有什么别的接触吗？

张 博习医院是个教会医院，医院里那个时候有唱诗班的，我们两个都喜欢唱歌，在练唱的时候大家就熟悉了，后来就有好感了。

杜 那您和董老结缘是因为这个共同的爱好啦？

张 我们在医院也经常碰到的，他们有时候有事情要去检验科，检验科就在手术室隔壁。

杜 因为您的检验科在手术室隔壁，所以来往还是比较密切的？

张 经常碰到的。医院里一共才那些人，那时候我们检验科只有五六个人，现在可能有七十多人了。

杜 那你们两位是谁先向对方表白的？

张 那当然是他了。

杜 当时董老跟您怎么说的？

张 具体我也忘记了，好像他就说，我们做朋友吧。

杜 这个大约是在五几年？

张 我们结婚是在1952年，大概1951年开始交朋友。

杜 你们交朋友的时候双方的家庭知道吗？

张 开始不知道，后来关系确定以后他就到我家去，女婿上门么。他家在上海，我是后来结婚前到他家去的，平时他到我家去，周末没地方去就去我家。

杜 那您的父亲对他有什么意见吗？

张 没什么意见。非常满意，我父亲很开明的。

杜 您和董老当时结婚也举行仪式了吗？

张 结婚仪式很简单，我们领了结婚证以后，就在苏州我们家里聚一聚，然后两个人到上海去，在他家聚一聚，邀请的都是近亲好友。

杜 您和董老钻石婚都过了吧？

张 钻石婚是2012年，到钻石婚已经不容易了。70年白金婚，我们70年还没到呢，还要5年。

杜 有一次中央电视台来，还采访过您和董老，当时怎么采访到你们的呢？

张 是偶然的机会。那是2012年，我们正好钻石婚，家里就说庆祝一下。我媳妇和我儿子组织的，我媳妇姐妹很多，她们姐妹一家子再带了老的，我们一共二十几个人，住在乌镇的一家宾馆，早上吃早饭，我们俩先到了餐厅，接着来一个就打招呼，来一个就打招呼。当时一个女记者正好也在那里，她就问怎么有那么多的人认识我们，我说我们是一大家子来这里旅游的，那个女记者就自我介绍说是中央电视台走基层栏目的，想做一个节目，你们这个三代人的大家庭很合适，就这样跟着我们了。我们不相信这个小姑娘是电视台的，她手里没拿什么东西，其实她后面有个扛摄像机的，她说我给你们拍片子，我们不相信，也不去管她，要拍就拍吧。她们一天就跟着我们，我们到哪里，他们就拍到那里，电视台的小姑娘一直跟着董老，跟着他问这问那的。后来那个小姑娘打电话给我们孙女儿，说中央台要播放我们的节目，我们一听那就看看吧，一看的确是放了我们这个节目，所以我们也很意外的。中央一台《新闻联播》播了有七分钟，央视新闻频道播了有十分钟。董老在北京有个表弟，十年没见了，打电话给他，说在电视上看见他了。

杜 能上《新闻联播》不容易啊。

张 也是赶巧了。因为正好是五一国际劳动节前，我媳妇跟那个小姑娘说我们今年是钻石婚，这一句话我一直记牢的，那一年是2012年。

董 （插话）开始我也不知道，后来看看一边有台摄像机，另一边也有台摄像机，都在拍我们。有一句话是在小船上，记者说我早年是做赤脚医生的，事实上我当时是到农村里培训赤脚医生，她这句话是弄错了的。

张 那个小姑娘可能也不懂什么叫赤脚医生，她年纪很轻，梳两个小辫子。

“两个孩子都还比较有出息”

杜 你们的两个孩子，分别是哪一年出生的？

张 女儿是1953年，儿子是1956年。

杜 当时你们两个人都工作，谁来带孩子啊？

张 我们两个人那时候都在一个医院工作，工作都很忙，有时两三天碰不上面。有时候他开刀，开了一个晚上；有时候我夜班，回不来了。所以两个孩子都是保姆带大的，我们照顾得比较少。

杜 那个时候为什么那么忙呢？

张 医生少，病人多。那个时候好像心思都在工作上。他是科主任，每天都值班，我在检验科也忙得不得了。

杜 检验科为什么也忙呢？

张 生病的人要验血，基本上每一个病人进来都要检验的。

杜 检验什么呢？

张 主要是有没有贫血、白细胞有没有增加，有炎症的话白细胞马上要增加，出血的话看他贫血到什么程度。那个时候输血还好玩了，就两个人，一个病人一个好人，这里一个针筒进去，抽出来然后就打进去。

杜 直接就输了？

张 对，就这样输的，当然我们要先化验的，化验合格的就这么输进去。后来改了。

杜 你们那么忙的话，陪孩子的时间是不是太少了？

张 没办法呀。我们那个时候，吃了晚饭，还要到医院去学习一两个小时，那个时候运动很多的，经常有运动，所以每天都要学习，每天都要到八九点钟才能回来。

杜 这个是“文革”期间吗？

张 “文革”以前，一直到“文革”。除了政治学习，还有业务学习，业务学习我们也抓得很紧的。晚上有时候大家读一本书，有时候就是大家讲讲自己的心得体会，除了礼拜天，每天都有活动。礼拜六晚上呢，我们还要参加苏州市的业余合唱团，我们都要去唱歌。

杜 两个孩子后来上学情况怎样呢？

张 女儿呢，“文化大革命”期间正好是初一，初中只读了一年书就下乡了，是作为68届的初中毕业生，去了大丰农场。

杜 后来女儿是怎么回来的？

张 1977年恢复高考，我就自己去弄一点化学、数学这种题目，帮助她复习。第一年没考上，接下来，第二年1978年，又考了一次，考上了。1978年那个时候，正好有一个政策——你是哪里来就到哪里去上学。如果1977年考上的话，她就只能录取到苏北，她属于大丰农场，要在苏北的学校上学，只能录取在苏北的扬州；1978年呢，因为她是苏州的户口，就可以回到苏州来上大学了，所以赶上了。能够上到高等学院，现在的身份就两样了。后来她当了英语老师，后来又当了草桥中学的校长。

杜 那时候女儿的年龄也不小了吧？

张 那时候女儿已经二十六七岁了。那个时候她有两个通知：一个是学校的录取通知，还有一个是可以返回家里来的，可以回城安排在工厂上班。我们就考虑了，她爸爸主张还是读书吧。我女儿读书、工作都是很用功的，老三届的下乡知青，特别珍惜来之不易的学习机会，所以工作上也是蛮有成就的。

杜 这是女儿的故事，儿子是一直跟着你们吗？

张 儿子是读到三四年级，就赶上"文化大革命"了，就没有读书。后来到1970年、1971年的时候学校恢复，那时候直接就读高中了，一共读了四年。哦，那个时候还要下乡的，有人就问我，你儿子要不要下乡，我想想女儿已经下乡了，儿子可能不下乡了。后来学校就来告诉我们，他可以分配到工厂，分配到那个时候有个叫电容器厂当工人。当工人他也蛮高兴，每天要忙到凌晨两三点钟才回到家。因为工作努力，一直被评为先进生产者。

杜 那后来怎么从工厂出来的？

张 后来到1977年恢复高考，他也去考了，他本来还不想考呢，他说我工作四年到明年五年，如果我再考大学可以带工资上学的。我说你今年就去考，先去看看场面怎么样，结果一考他倒考上了，就录在苏州医学院。那个时候考的人多，录取的人少，他考分蛮高的。他现在是附二院大外科的主任、骨科的主任，也做得蛮好，口碑也蛮好。碰到我的人都说我们儿子好的，总是说好的，当然有不好的他们也不会跟我说。

杜 女儿、儿子虽然在"文革"期间耽误了几年，后来都还发展得不错。

张 是啊，还好赶上了恢复高考，总算抢回来了。

"家里都是我做主"

杜 我看到您家墙上挂着很多全家福的照片，有董老小时候家里的照片，还有儿女长大后的，还包括孙辈，几乎每年都有合影。我想知道是不是董老家一直有这样一个很重视家庭的传统，您感受怎么样？

张　他爸爸妈妈持家都很好的。主要是他妈妈，就是我的婆婆，生了五个儿子、一个女儿。他父亲呢也是在外面上班，家里不管的，都是他妈妈在家里管，培养的儿子女儿都很好。

杜　那您觉得董老的妈妈，就是您的婆婆，为什么能把子女都培养得这么好？

张　她虽然文化程度不是很高，但是年轻的时候呢，也学过一些护理方面的知识。持家呢都是她做主的，家里头里里外外、大大小小都是她做主。而且她很聪明，比如说晾衣服，他们是住在公寓三楼的，晾衣服这个竹竿要拿出去，她就设计了一个框框，可以把这个竹竿拿出去，那我也学到一点。

杜　您学到一点什么？

张　学到一点就是我做主啊，哈哈哈哈。家里都是我做主，所以有好多事情他都不懂。他衣服都不会买的，买衣服都是我的事。

杜　平时你们恐怕很少能一起逛街吧？

张　逛街他不喜欢的，所以都是我一个人去逛街，他也没时间。现在年纪大了，我们也不出去了，都是女儿给我们买，网上也可以买。他的脑子里都是工作。

杜　嗯，他脑子里都是工作，可能也因为您在持家方面很强吧？

张　我呢，从小在家里是一个大姐，我对自己弟弟妹妹也很照顾的，小时候他们袜子破了，都是我补的，还要做鞋子、做衣服，这些我都会。好像也没有什么人教我，看看人家怎么做的，我也就学会了。所以我十几岁的时候，等于就在当家了。当家了也有坏处，喜欢管人家，哈哈。

杜　当家就要做主了。我觉得董老他一直琢磨看病这个事，那基本上他在家里可能也还是在工作了？

张　家里有我管了，他也就懒得管了，也有这个关系的。重大的事情我要征求他意见的。

“他是指挥，我是女高音”

杜　您和董老因为音乐结缘，后来还保持着这个爱好吗？

张　那当然啊，我们那时候经常一起唱歌、演出呢。

杜 那时候唱的都是什么歌还记得吗?

张 什么歌都唱的,《幸福大合唱》,现在叫《祖国颂》,还有苏联的歌曲。

杜 您和董老一起去参加的吗?

张 他担任指挥,我是女高音。

杜 这是市里演出还是医院演出?

张 全市的演出。大多数都是医务界的,也有教育界的。地点是在人民商场前面,本来叫青年会。青年会是教会的,它里面有唱歌啊跳舞啊,这些活动都有的,我们这个合唱团就放在这里边。

杜 那您在唱的时候,董老就一直在前面指挥?

张 他是指挥,我是女高音,领唱。

杜 您站在第一排?

张 对。我年轻的时候算是比较拔尖的了。那个时候开明大剧院刚刚改造了,改造以后我们就去唱,那个时候可能是有优惠的,不收我们合唱团的费用,我们卖票也要卖一毛钱、两毛钱,不过大部分都是送的票。

杜 您跟董老那时候为什么那么喜欢唱歌?

张 这个也是从小就喜好,我小时候一直在家里一边干活,一边唱歌。我中学时一位英语老师把我们这些女同学组成了一个合唱团,女学生也唱男高音声部也唱男低音声部,四部合唱,唱《哈利路亚》,请家长来欣赏。

"什么事情都是我在前面处理掉了,不让他去烦心"

杜 董老有那么多的学术成果,而且医学上有很高的成就,是不是因为有您这么一个坚强后盾在?

张 我总是支持他工作的,不让他分心。儿子小时候发烧,烧得很厉害,那天正好他要手术,那么后来到九十点钟的时候,热度稍微下来一点了,我就马上到手术室门口跟护士说,你马上去跟董医生讲,儿子的热度有点退下来了,叫他不要急。所以我总是支持他的,让他做手术不分心,有什么事情,都是我在前面把它们处理掉了,不让他去烦心。

杜 刚才您说让护士进去跟董医生讲,您在医院里面给别人讲的时候都是称呼董医生?

张 对，就是说董医生。

杜 董老不回家这种情况是不是比较多的？

张 嗯，我那个时候请了一个保姆，没有保姆我也不行。家里的事他基本上不管的，里外都是我管。

杜 那董老在家的时候做什么呢？

张 他就看书，他只管想怎么给病人做手术的事儿，剩下的事情我都揽下来了。

杜 您里外都管，自己的工作不忙吗？

张 我也忙啊。我那个时候还有自己的业务，我也在跟我的老师一起翻译一本《诊断细菌学》的书。我翻译的时候，老董都是帮忙的，有时候他要看一遍把把关。

杜 这个是什么时候的事情？

张 大概1954年、1955年。

杜 当时为什么要翻译这本书？它很重要吗？

张 当时书很少，外语翻译过来的也很少。所以我们学习的时候用的书都是外文影印版，就是原版我们国内给它重新印的，这个便宜点，原版我们买不起。我们把这本书翻译了以后呢，大家对这个细菌学会有一个初步的概念。

杜 像董老先是去天津，后来去法国，这期间您是怎么过来的？

张 我就一个人在家里。他到法国一年，到天津是14个月。

杜 当时从苏州到天津怎么去？

张 坐火车。他说平时呢大概十几个小时。

杜 那他在那边进修，能经常回来吗？

张 没有，就回来一次。

杜 14个月就回来一次？

张 还是怎么回来的呢？医院派我去考试，到南京去考本科，因为我本来是专科的，那么我要到南京去考试嘛，家里面呢就只有孩子了。我告诉父亲，我父亲也在苏州的，父亲就打了个电报给他，他就请假回来了。

杜 那您除了翻译书以外还承担什么工作？

张 我还是《全国临床检验操作规程》一书的审稿人。我们检验科的人，每人一本的，都是按照它的规程来操作的。

杜 这个《全国临床检验操作规程》很厉害啊。

董启梅　（插话）我妈妈也是很有成就的，不是像外人所想象的，好像我父亲那么有成就，我妈妈可能像家庭主妇一样。

杜　也就是说，您那时候也是非常忙的？

张　也是非常忙的。比如说在科室里，我30岁的时候，就是科里的秘书，还要到医师学校去上课，后来也要去苏州卫校上课。

杜　您是去讲课吗？

张　讲课，我去教课，还带实习生。后来我们医学院又招了检验班，我们也要去上课。

杜　您自己的工作也这么忙，怎么做到兼顾家庭的呢？

张　我总是想让老董安心工作，家里头的事情我都是挡在前面。所以我的脑子好像是在不断地运转，做这个事情的时候，我就想着那个事情。

杜　你们那么忙，还能培养出这么优秀的儿女，确实很了不起啊。

张　主要是他们两个很争气，没有走弯路，那个时候社会风气也比较好，学校的教学也好。有的时候也感觉对他们照顾不够。我记得1981年我女儿生了小孩，小孩就放托儿所。我从医学院上课出来，看见她用自行车推着孩子回去，我心里难过得不得了，觉得没有去好好照顾她。

“他从法国来一封信，我就编一个号码”

杜　董老去法国那一年，走那么长时间，您当时是什么态度？

张　我支持他去。

杜　当时80年代通信很不方便，董老一走那么长时间，你们怎么联系呢？

张　那个时候就是靠写信。我们通信是这样通的，信上是编号码的，今天我发了一封信，过四五天或者五六天，他来一封信，但是他还没有收到我的信，因为他要十来天才能够收到，所以编好号码。

杜　号码怎么编啊？

张　他从法国来一封信，我就编一个号码。

杜　那您给他去的信也要编号？

张　对。那个时候没有电话，飞机一个礼拜就两个航班。所以等于这封信去他没收到，他来一封信我收到了，我再一封信去，他前一封信收到了。

杜 那时候信上都说些什么呢?

张 一些家里的事情。

杜 现在那些信还留着没有?

张 没有留。

杜 那时候家里都有什么事情呢?

张 都是小孩子的事情,还有我工作的事情。

杜 那董老他有没有跟您在信上说他在法国的情况啊?

张 说的。他当时在那里不会烧菜,那么我信上就告诉他怎么烧。

杜 董老那时候在法国还得烧菜?

张 他中午在单位吃,晚上自己在宿舍吃,到菜场去买菜。

杜 那时候你们都结婚二三十年了,董老还不会做菜?

张 他从来不管的呀。

杜 这等于说董老做菜是在法国学的,还是通过信上学的。那时候您在法国能做什么菜?

董 (插话)每天素菜是必要的,还买些鸡啊、肉啊,在一个广场上有个菜场,他们都是汽车拉到广场上卖菜,到12点钟全部没有了。所以我每两三天去买一次菜,回来吃两三天。

张 他宿舍都有冰箱的,我们医院去的同事偶尔也到他那里去吃饭。

“他是个合格的丈夫”

杜 董老医学上的这些成就,您比较了解他做的哪一项?

张 我知道的,比如说他做股骨头坏死研究,一直在做,写文章了,都在电脑上写;学生要来修改了,要在哪里去发表了,我都知道的。那么以前呢,他各方面的文章都写过的,连麻醉的文章都写过的。

杜 那您跟董老生活了一辈子,您评价他算不算是一位非常好的医生?

张 怎么说呢,非常好这个不能说,还可以吧。因为他喜欢学习,看书看得多,所以知识面比较广。

杜 他基本上在家的状态就是在看书?

张 对,以前每天晚上就是医院学习回来,他还要看书,每天晚上没有不看书的。

杜 董老年纪这么大了，还在工作，您不劝他吗？

张 我也劝过他的，我说你就少弄一点吧，他说没多弄。他要干什么我就还让他干。

杜 那您觉得董老他是一个好丈夫吗？

张 他是个合格的丈夫。我们家里的这个大事，他都能够把握的。比如说我这次开刀，好多人都觉得我不应该开了，这么大年纪还开，但他还是主张开，那我还是听他的，我自己也觉得我还是要多活一天是一天嘛。

董启榕[1]：父亲是一座高山

杜 董主任您好！据您母亲讲，董老在家的时候好像不怎么管家里的事情，那从您的角度看，您小时候的印象中，他在家时都在忙些什么？

董 他每天就在书桌前看书。从我记事以后，基本上晚上他们两个都不在家的，都在医院里开会学习，那时候有政治学习，有业务学习，每天晚上吃过晚饭就去学习，基本上到八点多钟才回家，所以晚上就我一个人在家，外面黑也不敢出门。哪怕在家里的时候，我父亲也总是看书，我记得他有两抽屉的小卡片，文摘卡。现在已经基本上看不到文摘卡这个东西了，有时候我也会好奇地拿出来看看，有英文的、有中文的，什么病什么骨折，他把它们分门别类放好。我现在回想起来，他书读得很多，而且读书不是看过就算了，他是做好文摘，下次有什么问题，只要根据这个内容把文摘拿出来一看就知道了。

杜 那您小时候他那么忙，有没有关心一下你的学习或者是什么？

董 首先，那个时候学习真的不像现在抓得这么紧，那时候根本就不抓，学校功课也不是很重，基本上都能自己完成的。后来1966年就“文化大革命”了。那个时候我还在上小学，老师好像也不是很管我们的学习。而且我们那时候也都很自觉，不会去闯祸啊什么的，反正都做些自己喜欢做的事情。

杜 听您母亲讲，你中学毕业去了工厂，当时是都得去工厂，还是说可以自己选？

董 这是当时的历史原因所造成的，“文革”中知识青年都必须上山下乡的。当时的政策说家里两个孩子中有一个孩子下乡了，另一个孩子可以留城。因为我姐姐已经去农场了，我就可以留城了。那几年城市工厂已经多年没有招收工人了，工厂也

---

① 董启榕，苏州大学附属第二医院主任医师、教授、博士生导师。

需要大量的人。所以我们前后这几届留城做工人的机会就比较多了。我小时候比较爱好电子，在很小的时候——最多就小学一二年级，那时"文革"还没开始——已经开始学着做收音器，就是矿石收音机，现在这个名词基本上已经找不到了。以后就做半导体收音机，都是用自己的零用钱去买零件做。所以那个时候一毕业能够进工厂，而且被分配到一个电容器厂，也是搞电子的，跟自己的兴趣很接近，所以工作就很努力了。

杜 当时您在工厂里还带过大红花?

董 那个时候我们厂里正在开发新的军工电子产品，大家真的是没日没夜，那时候叶剑英有一首诗"攻关"，最后一句是"苦战能过关"。我们基本上连续24小时、36小时都在工作，最终获得成功。正因为这样，我也被评为苏州电子局先进生产者，那时候对一个小青年来说也是不容易。也正是这一段经历，使我一气呵成完成了1977年的高考语文作文，当年的高考作文题目就是"攻关"。

杜 那时候您可能就十八九岁?

董 十八九岁。

杜 后来国家允许高考了，您正好赶上高考，如果不高考可能会成为一个企业家?

杜 不会成为企业家，因为我喜欢搞技术的，最多就是工程师吧。现在回过头反思一下自己，那个时候幸亏是读了书，一个人的命运跟读书真的还是有很大关系。

杜 那一恢复高考，您好像马上就考上了。那时候上班当工人怎么还有时间学习?

董 那时候初中毕业就可以工作，我是1971年初中毕业，当时毕业以后有三个去向，一是参加工作，一是半工半读，还有一个是读高中。到现在我一直感谢我初中的班主任，因为那时候我们都懵懵懂懂的，只是想着读书太没劲了，赶快做工人。我的班主任老师就认为我是知识分子家庭出身的，平时在学校里面也属于比较认真的一个孩子，所以她力荐我读高中，当时我心里还是有点小小的不愉快，但是读就读呗。1971年到1973年读两年高中，这是"文革"以来第一届的高中。当时正好是邓小平的第一次复出，复出以后，他要抓教育。我就读的是苏州十中，学校总共只有两个高中班级，配备了最好的老师，这些老师在"文革"结束后，全部都第一批被评为特级教师。当时都是这些最好的老师来给我们上课的，虽然我们中有些人还是觉得读书无用，不喜欢学习，但是听了这些老师的讲课后，都非常喜欢学习。所以我所学到的中学知识，就是在那个一年多的时间。但学了一年多以后，就又被反掉了，叫什么资本主义教育思想回潮。1973年开始"反回潮"，又没有正常地学习了。所以我就在那个时候学了一年多，各种各样的方程、立体几何、解析几何、物理啊，学到了一些东西。到了工作的时候，因为搞的也算是比较新的东西，脑子也就好像没停下来。到高考的时候一考就考上了。那时候的题目很简单，说实在的，对于现在的学生来说简直是不入眼的。比如高考的化学题目中有一题考氯原子的原子核怎么排的，这是最基本的一个题目，化学我就会这一道，就拿到了这道题目。我们这一代人在当时的大背景下，能参加高考并能读上大学，真是不容易啊！

杜 考大学选择学医是您有意识选择的，还是父母做主给您报的？

董 那个时候我没有报医学专业，我想学的还是电子专业，因为我的兴趣在这上面。但是后来阴差阳错学了医，当时选专业的概念比较模糊，有读书机会就不错了。学医以后发现，学医实际上是很枯燥的，很多都是背诵，我背不出来。所以后来分配到医院选科的时候呢，我就选择了骨科，因为骨科对动手能力的要求要比其他科室强，而且可以充分运用自己的一些想象力和思维。

杜 您选择骨科有没有受父亲影响的因素？

董 怎么说呢，有些影响，但还真的不是很大，主要还是因为我喜欢动手，在读书的第五年是实习嘛，所有科室都要轮转一遍，这个实习下来，我就感觉骨科的诊疗过程动手很重要，有时我也翻翻父亲的藏书，所以我感觉好像这个更适合我。当然现在可以说子承父业啊什么的，但当时真的没想那么多。

杜 在市立医院工作了几年，然后到1986年您怎么又想起来考研究生的？

董 工作了四年，当时就感觉本科的知识不够，应该要再往里钻一钻，那时候研究生的招生也刚开始没多少时间，招生人数很少。

杜 当时父母有没有给一些什么建议？

董 好像没什么，很自然的事情，考研究生，他们感觉也对，应该读书的，因为他们都是文化人，感觉多读点书总归没坏处。那么就读研究生，至于考哪里嘛，因为那个时候苏州医学院的硕士点很早就批下来了，是第一批批下来的。骨科的研究生导师，全国没有多少，能招研究生的骨科硕士点不多。考上就不工作了，那个时候就完全脱产。

杜 去法国是董老帮您联系的？

董 对。

杜 据说您到了法国之后，很快就能独立做他们的手术了？

董 这个不能用"独立"两个字，因为手术不可能一个人做下来的，在这里我已经做到主治医生了，我只能自己说自己动手能力比较强，学的时候呢也上手比较快，所以我做助手都能做到位。到后面一段时间呢，他们就让我担任主刀，老师作为助手站在边上，他们不能完全放手，就像我们这里一样，像我们现在如果带下面学生做手术，逐步培养，等到哪一天可以了，那么他做主刀，我做助手，然后再做做，等他越做越熟练了，我就退出来，是这样一个传承的过程。

杜 您当时去法国的主要目的是什么？

董 提高自己，到医院里去学习人家的先进技术。特别像我现在做关节，一些关节上的疾病和手术，在我们国内开展得不多，仅仅在书本上可以看到这种关节置换，但具体怎么做很多人都不知道。人家是先进的，那么就去看看，这是非常必要的，这个要靠慢慢地训练，训练出来，做多了，熟能生巧，一定要做多。我刚开始去的时候呢，联系的是一个漂亮的西部海滨城市，在法国30万人口算大城市，但30万人口对我们来说真的很少，马路上基本见不到人。法国有个特点，它只是以巴黎为中心，巴黎以外都叫乡下，所以那个地方中国人很少，整个城市就我一个中国人，他们感觉非常新奇，当地的记者还来采访过我，在他们法国的《西部报》上，还有这么半个版面，介绍中国来的外科医生，有过这么一篇报道。

杜 那他这个报道主要说了什么？

董 就像你这样采访我一下。他们很好奇，中国人对他们来说太遥远了。

杜 当地人对您的态度怎么样？

董 很热情的。在那个地方，因为中国人少，所以大家都非常热情地帮助我学法语，非常耐心地来跟我讲。我记得有一位当地的退休老师，他很喜欢学中文，就主动来跟我联系，我也不知道他怎么会找到我的。他每个星期到我宿舍里来半天，跟我来讲法语，还自己制作了卡片来教我，比如"我、你、他"这三个词，他可以写这么一张卡片来教我。后来，我把我在中国做的工作、写的文章，先翻译成英文，他看了英文，告诉我该怎么翻译成法文，我翻译好了之后再让他看，如果某个东西没讲清楚，就反复比划修改，最后形成一篇法文论文，发表在法国的*Chirurgie*（《外科》）杂志上了。

杜 就是你们互相帮助学习语言，他学中文，你学法语？

董 对。他是退休教师嘛，也算有一点事情做做，也没有报酬，他没给我什么，我也没给他什么，就这样，大家像朋友一样。

杜 您在那里待了多久？

董 在那边大概待了半年多吧，将近10个月。然后就到了巴黎另外一家医院的外科中心。那里的老师对我非常好，因为我父亲认识的那个医生已经退休了，他是退休医生的继任者，所以那个老师对我就非常好，后来我也请他到国内来访问指导。

杜 您说的外科中心是……

董 是属于一个大的企业集团，因为在欧美，手术很好的医生都是在私立医院。他们每天的手术量非常大，所以在那边我非常系统地学习了关节镜、膝关节镜、髋关节和膝关节的置换这三大主流的手术。因为我前面这个基础应该说蛮好了——四年在市立医院，又四年在附一院，这个临床，再加上自己又喜欢，所以动手能力比较强，那个老师到最后就跟我说，你做主刀，我做你助手，后面就这么做了。

杜 您从法国回来就来到附二院骨科，当时，骨科还处于一个刚刚起步的阶段？

董 对。骨科1988年年底创建，到1993年实际上刚刚五年的时间，刚刚起步，这里也很需要人，而且我们这个医院是中法友好医院，是阮长耿院士他那时候跟法国联系，让法国巴黎卫生局跟这儿签约的。

杜 就是1993年到附二院，1995年读博士？

董 是的。我的博士生导师是我们附二院的郑祖根教授，我是他的第二个博士生。

杜 在学习骨科的过程当中，您跟父亲的交流多吗？

董 不多，我们在家里基本上不谈工作，只是偶尔会提到。

杜 那比如说你有没有遇到什么问题想交流？

董 这个应该是有的，但是要举个什么例子，我还想不出来。总的来说，我就感觉到这条路都已经铺好，顺着这条路走，碰到的问题该怎么做、该怎么想，好像大家都习以为常了，比如说碰到一个复杂的，翻书看这本书怎么做，这本书上讲得是很对路子的，那么我们就按这个走下去。我父母对子女的关心，是生活上全力支持，从来不“拖后腿”，他们觉得各自的工作绝对是第一位的，绝不能因为家里的事而影响工作，这也是那个年代的风气。在家里不是不谈工作，而是更多地交流子女的教育，生活上的琐事，各自的身体状况……父母亲对我们每个人的身体健康都十分关心重视，告诫我们要坚持锻炼，注意营养，他们心疼我们工作太忙，但是从不让我们在工作上有任何懈怠。

杜 就是工作上的问题似乎没那个必要在家讨论了，对吧？

董 对，也就是说，父亲的一整套思维方式、学习方式，已经完全潜移默化了。这使得我碰到问题，也不要去问他，就自己去找答案了。而且从小就这样子，因为他们不管我们，他们很忙，那么我们做的事情呢，肯定他们也都看在眼里，也都认为你没出大错，就让你循着这条道路走下去吧。

杜 在您的成长过程当中，受到父亲影响的东西都有哪些？

董 父亲他们这代人，已经形成了这么一整套的东西，传承到我们这里，我们也循着这条路往下再走，我们也是这样子传承下去。我一直说的，父亲他们这代人开了一条路，后边的人都是沿这条路走，有时候在这条路上走也会碰到很多困难，但是大家都会用差不多的方式，去找解决的办法。

杜 您对别人说您是子承父业这件事怎么看？

董 经常有人提“子承父业”，实际上西医与中医的“传承”可能有不一样的概念。西医的特点是需要及时吸收先进的医疗技术手段，精通外语，多接触外文杂志、在治疗过程中加以运用……这可能是更为重要的。作为一名医生，受父亲的影响，最值得一提的就是他的工作态度和钻研精神。

杜 在为人处世，或者是作为一名医生，还有学术研究等各方面，您是不是会不自觉地照着父亲的那个样子去做，有没有这样的一种影响？

董 对，肯定是这样子。我父亲、母亲都是比较低调，不很张扬的人，我也是很低调的，很多事情都是看实际效果，这个可能是受他们的那种态度影响。父母亲一贯善良待人，尽量不去麻烦他人的观念，他们的低调作风，都深深地影响着我们。我们从小到大也都是规规矩矩做人，不会因私利而去钻营。我们都看得清社会风气的好与坏，都能保持着一颗正直的心，而且在工作和学习上都非常努力。

杜 从您的这个骨科的专业视角来看，苏州骨科现在的水平在全国的地位是一个什么情况？

董 第一方队吧。

杜 我们苏州的骨科水平高，是不是跟董老他那时候组建骨科比较早有关？

董 对，一个是起步早，还有一个是坚持学习。那个时候苏州市骨科每个季度都会办一次学术会议，整个苏州大市的所有骨科医生都会聚在一起，把大家临床上碰到的一些疑难病例拿出来讨论，这是一个很大的学习课堂，他们老一辈的骨科教授，像前面说到过的“八大员”，唐天驷、朱国良、郑祖根、洪天禄、许立等老前辈，还有市立医院的黄士中院长、徐道堃主任等，都是坐在前排给大家分析这些病例，就像是上课了。基层医院来的医生，把病历拿上去，当面讨教学习。苏州有这么好的一个骨科团队，这对整个苏州骨科的发展起了很大的推动作用。所以我说，父亲所铺就的这么一个方向或者这个思路，倾注了他毕生的精力，对整个苏州的骨科发展都有很大的引领作用。在他们的基础上，近年来年轻一代的努力，也推动了苏州骨科事业的快速发展。

杜 如果现在让您总结一下，您最佩服您父亲的还有没有其他方面？

董 认真。他临床上碰到什么事情，都会回来直接翻书，有时候比如碰到一个学生问他什么问题，学生自己可能都忘记了，他第二天或者第三天，就会把这个东西的来龙去脉原原本本提出来再讲一遍，这个真的非常认真。

杜 您父亲在骨科上面的成就已经是那么高了，然后您也是在从事这个行业，会不会感到压力很大？

董 父亲是一座高山，这座高山太高了，爬不上去，我达不到这个高峰。

杜 那会不会对自己是一种激励？

董 对，是一种激励，我会朝这个方向努力，但是感觉我好像达不到他那个高度。

杜 为什么这样说呢？

董 作为骨科创始人，“一座高山”，在那个年代的成就与社会的认可，我是难以超越的。我把父亲的成就看成既是压力也是激励，在前辈开创的道路上不断创新，也是我应该做的。

杜 您能不能从专业的角度讲一下，你们在他们的基础上又往前推进的东西都是什么？

董 当年他们所做的主要还是创伤，比如骨折，这种东西他们做得比较多，那么随着时代的发展，像创伤这一类骨科疾病已经开始逐步减少，工伤事故很少了，现在骨科医学工作的重点已经向退变性疾病、老年性疾病方向发展了，微创手术、微创技术比那个时候多了，这是科学发展的原因。他们那个时候哪怕是骨折，所做的内固定都是用的很粗糙的钢板，现在有很多合金的内固定材料、微创的内固定材料，更加符合生物力学的手术方法也越来越多了。还有人工关节的置换现在也相当成熟，而且效果很好，手术以后一两天病人就能下地走路，这个在以前是根本没办法想象的。

杜 就是说，整个医学的水平是随着年代的推进逐步在发展的？

董 简单地说，像爱迪生，那个时候他一生可以有几千个发明专利，对不对？这些发明现在来看，简直是小得不得了，但是在那个年代没有这些发明的情况下，从0到1可以有，但是从1再往上走，就很难了。

杜 像董老他们在60年代的时候就做断掌再植，这种手术现在骨科还在做吗？

董 还在做，但现在这种病人越来越少了，因为工业发展了，安全措施越来越好，这种恶性事故很少了。现在疾病谱改变了，这种病人越来越少，即使有断肢再植，骨科的技术水平也比以前要好多了。

杜 "疾病谱"是什么意思？

董 "疾病谱"的意思，对骨科来讲，比如说在五六十年代，是结核病很多、创伤很多，摔伤、骨折很多，传染性疾病很多，那么到现在呢，传染性疾病少了，结核很少了，但是呢，一些运动性损伤，退变性、老年性的损伤却多了，所以疾病的这个谱系现在发生变化了。那时候人的平均寿命五六十岁，现在八九十岁，那个时候很多病还没有，现在都有了。

杜 就是说，随着时代的发展、人们生活水平的提高、寿命的延长与生活方式的改变，发病的种类也在变化，相应的治疗方式也在变化。是不是说那时候只要能给接上就行，现在可能是需要考虑怎么样接才能使痛苦更少？

董 一个是微创，另外一个就是尽快恢复它的功能。不是说这个手接上就好，手在了，还要看它的功能怎么样。现在这个功能恢复是放到前面来了，提到很高的高度，因为我们骨科所涉及的都是我们的四肢，叫运动系统，现在考虑到有一个功能的恢复。

杜 那现在这个阶段，骨科主要看的都有什么病？

董 现在分工越来越细了，我们现在分专科、分专业，有些人专攻脊柱，有些人专攻关节，我呢主要就是髋和膝，膝关节的疾病很多。因为我感觉到人的知识与能力有限，不可能把所有的知识全部集中在一个人手上，做不精就把它分开来，分开了以后，大家各做一个，那么我可以在这个方向钻得比较深，做得更加熟，这个就是熟能生巧嘛，所以我们在苏州是第一个分专科的，大概是2005年，我们分得很早。

杜 您现在是研究关节和关节镜，这个您能不能说的再专业一点，比如说到底是治什么病？

董 是个镜子，本来膝关节里面的毛病，第一很难诊断，第二很难治疗，要治疗就要划一个大切口，进去进行处理，但是里面毛病就那么一点点。现在就在皮肤上开两个四毫米这么长的口子，用镜子直接进去，看到什么毛病，就处理什么毛病，可以在这个镜下做半月板的切除，做软骨的修复，做韧带的重建等。

杜 您跟您父亲可以说既是父子，也是师徒，那您怎么来评价董老对于苏州骨科事业的贡献？

董 我父亲他所做的事情，在骨科上所做的事情，我一直想不出用个什么词来准确地概括。实际上是，以前大家都不会做这个事情，比如说骨科这个东西大家都不会做，或者慢慢学着做，学着做可能我跟你学，他跟他学，各路的东西，有中医有西医，各种各样的，最后呢他做的工作把这些东西纳入了一条正确的轨道，一代一代地传下来，传到最后，整个苏州的骨科对待病人或者对待这个疾病的诊断、治疗的思路或者理念都是一样的，实际上我父亲所做的事情是建立了这么一个东西，最后形成这么一条路，形成这么一种文化、一种规范，大家都把它潜移默化到了自己的医疗实践中。

杜 等于说，他汇集百家之长，最后形成了一条正确的主干道，然后，后来者都在这条道路上走？

董 对，就是把大家对工作的认识，对骨科这个疾病的诊断和治疗理念，引导到一条主干道上。因为我父亲他外语比较好，对国外经典的骨科学都非常熟悉，他把国外先进的骨科学理念，跟中国国内医生的实际结合起来，然后形成了一个诊断思路或者手术的处理思路。大家都非常认同他所建立的苏州医学院骨科这个系列，我们附二院也有很多人从那边过来的，包括我们的老主任郑祖根，那时候是"八大员"中间的一员，包括在我这一辈中有四五个人也是那边过来的，所以我们就把这一套东西移到这里来，我就感觉我们的人对所有的疾病的看法基本上不会相差很多。

杜 如果说方先之是全国骨科"黄埔军校"校长的话，那董老可以说是苏州骨科"黄埔军校"的校长。

董 对，方先之他教的不单单是一些技术，实际上他也有一种理念。

杜 从理念到方法，到规则，到程序，到步骤，一整套的东西全是。

唐忠义[1]：董院长认真得不得了

杜 唐主任，您现在退休了吗？

唐 早就退休了。我82岁了，现在每周来这个茶馆里搞义诊。

杜 这个义诊是谁组织的？

唐 浙江大学校友会组织的，我已经参加四年了。我是烧伤整形外科的。董院长以前是我们上海医学院苏州校友会的会长。

杜 那这个校友会是什么时候成立的？

唐 早就成立了，他是会长，他退下来以后我当了会长，现在我也退下来了。

杜 你们校友会当年主要做些什么？

唐 我们校友会每年聚餐一次，大家聚一聚、谈一谈，交流一下信息，很热闹、很开心的。

“董院长各方面都非常好的”

杜 我看您称呼董老还是“董院长”，您已习惯这么叫了吗？

唐 我们都叫他董院长，他从法国回来以后当院长的。董院长这个人很诚实，为人非常好，从来没有虚虚假假的。他对什么人都非常好，对工作也很认真，董院长各方面都非常好的。

---

① 唐忠义，1936年生，1963年毕业于上海第一医学院放射医学专业，退休前任苏州大学附属第一医院烧伤整形外科主任，教授、硕士生导师。主要研究方向为辐照猪皮的质量控制。曾获国家科技进步三等奖并注册了国家发明专利等。现任国际原子能机构协调员、亚太地区组织库理事等。

杜 董老当院长时，您在烧伤科当主任？

唐 是的。那时候烧伤科归大外科。那个时候是我最风光的时候，国家科技进步三等奖，附一院里我是第一个拿的；第二，我是IAEA（国际原子能机构）的中国协调员，我还是亚太地区组织库的理事。

杜 您是怎么当上这个的？

唐 搞科研啊，我们那时候是隶属于核工业部的。我拿这个奖是二十多年前的事了。

杜 您做的什么研究？

唐 辐照消毒猪皮，治疗烧伤病人的。在我之前，别人用各种方法治疗效果都不明显，因为猪皮的毛孔很大、毛孔里面的细菌用任何方法都杀不死。因为我是搞放射的，所以我知道通过放射肯定能杀得干干净净的，这是我发明的，治疗了很多病人，我过去每年都要出去讲课，教别人怎么弄。

杜 您这个贡献太大了，这是什么时候？

唐 八几年的事情。1990年我还带了两个徒弟到匈牙利，去居里夫人研究所搞科研，整个亚太地区就我们去搞科研，去那里一年，联合国出钱的。

杜 为什么去匈牙利呢？

唐 那里条件好啊。

杜 你们这个科研是指？

唐 辐照猪皮和人造小血管。

杜 什么是人造小血管呢？

唐 我们那时候搞人造小血管，也是世界第一个，0.3毫米，世界上没有的，我们成功了，其他国家都是大的、粗的，我们是连老鼠的颈动脉都可以缝起来的。用丝绸扎起来，丝绸学院做的。

杜 丝绸能做血管用的啊？

唐 是，非常漂亮，我们成功了，国外都没成功，国外都是大血管，没有小血管，这是很重要的研究，我们在国际上都得到金奖的。

“董院长带我们英语查房”

杜 据说董院长带你们烧伤科搞英语查房？

唐 1989年，我是烧伤科主任。科里大概十几个人。我们科室里面医生和护士每天早上用英语交班，查房用中文，后来我觉得董院长英语好，正好他也刚从院长位置上退下来，我就跟他一讲，董院长二话没说，就答应带我们搞英语查房。

杜 您跟他怎么说的？

唐 我跟他讲，你能不能帮我们提高一下外语水平，我们都不会讲外语，而且我这个地方可能有外国人来参观，一句外语都不会讲难为情的。我说我们已经学了半年了，科室里交班前半个小时学外语，但是口语可能还不行，你就帮帮我们一起交班查房什么的。

杜 那董院长怎么说？

唐 他就问我们有没有基础，我说你可能认为我们基础很差，但也不是一个字不会说。后来董院长就来了，交班也来，查房也来。我们科的医生、护士一起参加的。

杜 可是董院长他的专业也不是烧伤科啊？

唐 他不是烧伤科的，但这原来都属于大外科，烧伤几度什么的他是很懂的呀。我们就讲病例和病人治疗过程什么的让他听，谁的病人谁来讲。他再用英文教我们，我们口语不行，就把不会的写在纸上，照着念。开始很困难的，到后来就好多了。

杜 你们都用英语对话？

唐 全都是用英语对话。他先听我们讲，然后他解释哪些不对，应该怎么讲，很认真。他的为人特别好，也很认真。

杜 他都教你们什么呢？

董 比如说我们交班的时候，有哪些单词念错了，倒装句用的不对什么的，他都听得出来。而且他从来不生气，从来不发脾气，很温和的，这个很不简单。后来我跟他交流一下，他说，不错，不错，你们有点基础，这样下来还可以的。他从来没说我们不好。这样子我们水平提高得很快，后来外国人到我们这里来都傻了眼。

杜 傻了眼？

唐 外国人到我们中国其他地方的医院去，那些医院大都只会说简单的英文。到苏州，我们科的护士都能对答如流，这个很不简单的。我们英语这么好，主要归功于董院长，他那么认真地教我们。

杜 那您为什么这么重视英语呢？

唐 因为外语交流水平不行，包括我自己。那个时候年纪大了，后来我也到学习班进修了英语。当时我在科里推行这个阻力很大的，我们科室的人都不想去。

杜 董院长那个时候带你们学英语，不是占用他很多时间吗？

唐 对，一个礼拜两次，他那里不查房，可以到我这边来查房，完全用他自己的业余时间。

杜 那你们有给他什么报酬吗？

唐 没有的，过年最多送点小礼品，他也不要，送了一次再送就不收了。

杜 那挺不容易的，什么报酬都没有。

唐 没报酬的，要报酬我们也可以给，但他不要。这个人就是好，这个人不简单的，全是义务的。他的目的就是提高我们，他来查房很开心的，整个医院都知道董天华到烧伤科来用英文查房了。

"他当院长很清廉的"

杜 那您还了解董院长其他的事情吗？

唐 董院长待下面同事非常和蔼，你去问他们骨科里的人，没有一个说董院长不好的。他教学认真，现在看病还带着图，你有什么病，他就拿图给你看，非常认真。对什么人都这个样子。他当院长的时候也是，该怎么样就怎么样。

杜 董老说他当院长就做了两件事，一件是评职称改革，一件是盖了几栋楼。

唐 对。

杜 那个时候是改革开放初期，医院各方面刚刚开始走上正轨？

唐 科室各方面开始好一点了，本来很挤，盖了楼以后大家宽松一点，做起事情来方便一点。那时候楼没那么高、那么多，后来新造两栋楼一共三栋。你看，他建楼很清廉的，从来不拿别人什么。那个时候我们当主任也没有的，很清廉。

杜 董院长那时候关心你们各科室的工作吗？

唐 当然关心，除了临床，他也很重视科研。我们猪皮研究成功了以后，还叫董院长来看，我们一叫他来，他就来了，从头到尾还问了很多问题，很认真，好像我们的科研是他自己的科研一样，这是第一个，第二个我们开鉴定会，每次都请他的。

杜 你们老一辈的医生都非常重视科研，那您觉得科研为什么那么重要呢？

唐 一个呢是我看了书、杂志，发明专利什么的，看人家都得奖，觉得影响很大。还有一个呢，是一股气，我1977年从北京调到苏州来，我本来是核工业部的，我很擅长搞科研，动脑筋拼命钻研，我徒弟也跟我干。后来我当烧伤科主任，他们都跟着我拼命干。我们搞科研搞通宵的。

杜　您退休后没有再去上班吗？

唐　我当时退休，今天退休明天就走。不看病，不上门诊，不查房。

杜　可是董院长退休以后也一直在工作呀？

唐　他们工作和我们不一样的，他们骨科病人多得不得了，我们科病人很少的，就那么几个，如果病人都找我，他们年轻医生怎么办啊，我们是小科室呀。

杜　我觉得附一院之所以厉害，就是因为有您和董院长这样的老前辈在前面做了那么多事情，才让附一院名气渐渐起来的。

唐　都是历史了，现在他们做得也不错。

杜　谢谢唐主任接受我们的访问，谢谢！

王晓东[1]：董老师是真正的大家

杜　您好，王院长，请您介绍一下您师从董天华教授读博的情况？

王　当时苏州医学院骨科具有博士生招生资格的就只有三位老师，一位是董天华教授，一位是唐天驷教授，还有一位是郑祖根教授。我考虑到我们小儿骨科的很多疾病是以髋关节结构为基础的，而董天华教授是髋关节方面的专家，所以我选择了董天华教授，以及以苏大附院骨科为基础的博士生培养基地。

杜　您本科、硕士是在哪里读的？

王　我1982年到1987年在南京医学院读的本科，硕士、博士都是在我们苏州医学院读的，1999年博士毕业，应该是苏州医学院最后一届博士研究生。

杜　为什么是最后一届？

王　因为从2000年开始，苏州医学院并入了苏州大学。我是最后一批取得苏州医学院博士研究生文凭的人。

杜　噢，是学校名称上的改变。那您读博士的时候是已经工作了吗？

王　工作了，属于在职的全日制博士研究生。

杜　那时候您已经从事多长时间的小儿骨科工作了？

王　已经十几年了。

“董老师对我们要求非常高”

杜　董老他带你们博士生时是怎么个带法？

---

① 王晓东，苏州大学附属儿童医院主任医师、教授、博士生导师，苏州大学医学中心主任，苏州大学儿科临床医学院院长。

王　作为导师，董老师通过几种方式来对我们进行培养，首先允许我们用一年到一年半左右的时间，对整个的骨科学有所了解。在这个里面，他也会指明一定的方向。在这方面给我的印象最深。苏大附一院在董天华教授、唐天驷教授，以及其他几位教授几十年努力奋斗下，已经形成了具有自身特点的，培养骨科人才的这样一个氛围，比如说集中式查房、集中式读片和集中式短期小课的教育，另外呢，就是繁重的临床任务，其实这几个方面结合在这一个集体当中，一定能够培养出具有一定水平的骨科医生。所以对我们来讲也是任务非常重，有的时候我们值完夜班，第二天还要上手术台，下午还要参加理论课的学习，同时自己还要准备一些材料。在整个课题的选择方面，董老师他会参考国外的文献，当时的苏州医学院和附一院外文版的骨科书籍还是非常丰富的。董老师是一直学习跟踪，所以他会给我们定一个课题，再让我们去学习英文的原文，再根据他的意思来构建整个的课题方向，以及可能实现的途径。

杜　您能不能再讲得具体一点，比如说"集中式读片"是什么意思?

王　苏大附一院骨科有一个传统，就是已经做完的手术或者即将要做的手术，从星期一到星期五都有相应的专家进行点评。星期一是唐天驷教授，星期四是教学查房，董院长以及其他的几位，唐教授、洪天禄教授、许立教授，以及当时还比较年轻的杨惠林教授，他们都要参加，这个要求也是非常严格的。

杜　读片的形式呢?

王　介绍病人的整个病史，看X光片等影像资料，包括患者治疗前和治疗后的资料，或者是讨论治疗前的疑难病例，都是在短短一两个小时之内要完成的。最多的时候，医生加研究生和我们进修生，再加上医学院学生呢，济济一堂，要五六十号人。如果讲错的话，我们的这些老师就会当场指出来，那也是毫不留情面的，那种体验终身难忘。

杜　这个读片要达到什么效果?

王　就是说你要认识这个病人，对病人认真查体过了，病人的X光片资料你是烂熟于心的，对病人的整体情况是非常了解的。

杜　其实读的是您主管的某一个病人的片子?

王　是的，另外还要积极参与别人床位上的片子的研读。因为有的时候老师会提问，比如说某一个骨折类型的分型，某一种肿瘤目前治疗的趋势，那我们要讲得出来，所以说老师们读的书我们要跟着读，老师们没有时间读的书我们也要去读，所以说这方面的要求还是非常高的。

杜 那个小课是什么意思?

王 小课呢是他根据进修生的课程，把高年医生、中年医生，按照时间段来排好，分门别类，比如说是关节的、脊柱的、创伤的、神经恢复方面的，按相应的各个子课题进行讲课。

杜 临床上怎么培养?

王 临床上的培养主要是管床，还有参加值班，包括急诊的值班，同时要参加急诊的手术。因为当时医生比较少，所以有的时候一个晚上可以开七八个手术，多的时候甚至更多，那是非常劳累的，因为第二天还得要继续上班，还要写病史，不像现在都有电脑，写完病史以后，还得要参加手术。一般都要到下午两三点钟才能回家休息。

杜 那这样身体能受得了吗?

王 这个相当于现在美国的医生培养模式，每天大概只能睡6个小时左右。

杜 像您那时候，您本身是儿童医院的医生，怎么还能到附一院去管床呢?

王 因为我是全日制的博士研究生。

杜 就是您离开这个岗位然后去?

王 岗位保留的。

杜 那就是说您读博的那段时间，是作为附一院骨科的一名大夫在工作了?

王 是的，因为当年我在儿童医院的时候，我已经被破格晋升为副高了，但是在苏大附一院骨科，我还是作为一个高年资的住院医生在工作。

"董老师非常地与时俱进"

杜 跟董老做学生这些年，您从他身上学到的东西都有什么?

王 董老师在我们心目当中就是一位大家，他是一位能够在医学领域带领、树立一种医学文化传承的人物。他的大呢，表现在几个方面：首先是博大精深，因为他从小英文基础非常好，是一个博览医学群书的人，无论是从文化修养，还是医学专业修养方面来说，他都是一位伟大的医学家；第二个大呢，是他有伟大的胸怀，他矢志不渝地把医学、教育、医疗作为自己一辈子的追求，真正把医学作为一门事业来做，他永远把病人放在第一位；第三个大呢，是董老师给我们一个大的生活态度，也就是说告诉我们生活的目的是为了什么？什么是最大的幸福？他像一面旗帜一样，引导我们对人生的哲理进行思考，从董老师的身上，我们看出一个为了国家、为了人民，为了他的病人，能够一辈子学习的人，一定是一个快乐、健康、崇高的人，也是一个活得非常有意义的人。我们从董老师身上体会到一种家国情怀，他对我们整个国家的医学事业充满着热情，他对工作兢兢业业。

杜　你们见他的时候感受是……？

王　可以说任何时候看到董老师，我们都是战战兢兢的，因为他学的、看的比我们多，但他还在不断地学习。我们经常见他一个人坐在那个书桌前拿着个放大镜，在一个字、一个字地看。我们以为是董老师不知道的东西，其实他都知道，他是非常的与时俱进！董老师讲过一句非常经典的话，他说一个医生，没有20年的临床经验，就不要称自己是一个专家。

“儿童医院骨科的发展离不开董老师的指导”

杜　我看您以前经常邀请董老来儿童医院做会诊，那么这个会诊的作用是什么？

王　我们儿童医院的小儿骨科起步比较晚，当年我接手儿童医院骨科时，我们的床位数也就十多张。我们的董天华教授、唐天驷教授，两位老师就手把手地来儿童医院指导我们10年，使我们的小儿骨科有了一个很快的发展，从一年开几百台的手术，到现在一年将近要2 500台，今年达到了接近3 000台手术这么大的规模，从十几张床位扩展到一个完整的病区，我们的影响力在华东地区乃至全国都非常大。这都是得益于两位教授对我们无私的帮助。

杜　那时候请他会诊是要到景德路那个院区去？

王　对，两位教授分工不同。董教授主要是针对疑难杂症来进行会诊，同时进行教学查房；唐天驷教授主要是手把手教我们做手术。他们长达10年的指导，极大地帮助了我们整个儿童医院小儿骨科的发展。

杜　10年，那不容易。

王　从2001年开始，每个星期都能在我们儿童医院见到两位导师的身影，每个礼拜他们都会来的。

杜　那会诊的时候，他主要做些什么？

王 主要是诊断、教学查房和手术指导。

杜 您还记得董老帮你们解决的疑难病例吗?

王 那很多了。比如有一个泰州地区来的小女孩,她接种了某一个疫苗后,非常罕见地出现了全身多发性的结核传播病灶,因为结核在我们这个年代已经非常少了,而这个小朋友表现为全身所有骨头生长活跃的部位,我们叫干骺端,都出现囊性病灶,甚至有些医院讲,这个孩子生命没多长时间了。孩子转到我这里来的时候已经奄奄一息,孩子的爸爸妈妈也都几乎绝望了。

杜 董老是怎么解决的?

王 董老师会诊后,根据丰富的临床经验告诉我,这个孩子一定是结核。那么我们就跟麻醉科、内科密切配合,给这个病人的病灶进行了清除,同时多地送培养,3个月后培养出来了结核杆菌。后来我们按照董老师提供的方法进行手术、化疗,等到拍这张照片的时候,这个小孩子已经基本恢复。这个孩子的父母非常感激我们。因为这个病确实非常罕见,结核病是比较常见的,但是结核像脓毒血症一样全身扩散,对于我来讲,尽管当时我已经是个老医生了,但还是觉得诊断起来非常困难。

杜 那为什么结核会到你们骨科来看?

王 因为结核会侵犯到骨头,以前骨科医生一个很大的任务是处理骨结核,全身除了肌肉结核不太跑,其他的组织结核都会跑。

杜 好的,非常感谢王院长接受我们的访问,谢谢!

黄立新[1]：研究课题就像他的亲儿子

杜 黄主任好，请您先介绍一下您师从董老的时间，当时为什么选择当董老的学生？

黄 我1992年考硕士研究生时，就是董老师招我入硕士研究生的，当年只有董老师有一个名额，所以我就跟了董老师。但是后来就读期间是洪天禄教授带的，董老师是我入门时候的导师，但是毕业时就是洪主任是我的导师了。实际上是董老师把这个位置让给了洪主任，他就像是指导老师一样。因为我考进去的时候，洪主任还没有做硕士生导师的资格。1997年，我读了董老师的博士研究生，他亲自带的，一直是跟着他，做他的股骨头坏死的课题，那是我们董老师花了毕生精力的一个课题，从20世纪90年代末期开始，他就做非创伤性股骨头坏死研究，然后他一直把这个课题当成他的儿子一样。包括到现在，他退休了，90多岁了，他都还是放不下，一直在关心这件事情，非常认真。

杜 我们去采访他的时候，一进门他就跟我们讲，最近在研究股骨头坏死……

黄 对，他非常实在，本着那种科学的态度，一是一，二是二，数据什么的都要真实，不允许搞虚假的结论，都要实实在在的实验数据。没有虚的东西，大家都很认可，他就是个学者，从来不搞那种什么虚假的东西，他的那种学风是我们很尊重的。

杜 您读博的时候其实已经是骨科的大夫了？

黄 对，我1989年毕业之后就是骨科的大夫了，一直在骨科就没离开过。像我们读研究生实际上也不是完全脱产的那种，包括我们读博士第一年修理论课的时候，

---

① 黄立新，苏州大学附属第一医院骨科副主任、主任医师、博士生导师。

规定我们是要脱产上理论课的，但是当时理论课上归上，周末我们还要回科里参加值班，那时候我们骨科大夫特别少啊，值班的人员少，三天一个班、三天一个班地这么转，那时候我们科里面还有一个钱忠来，是唐主任的博士研究生，都是我们科里面出去的，读理论课时第一年星期六、星期天的骨科急诊值班基本上就是我跟他两个人包掉的。

杜 那您是本科毕业之后就留校的？

黄 本科毕业就留校在骨科，工作三年之后读硕士，接着又读博。

"董老师学识非常渊博"

杜 在对您的培养方面，董老他是如何上课、如何指导您进行学术研究的？

黄 董老师学识非常渊博，他每天看书，而且他把看书这件事情当作一种休息，当成一种娱乐。他带我们的时候，就是这样跟我们讲的："累了你就看看书么。"那个时候他家里的那个杂志JBJS，是我们骨科比较有权威性的杂志，他自己花钱订的，那时候有影印本，不是那种原版的，价格相对便宜点。他为了掌握比较新的知识，都是自己订杂志的。对我们的临床的思维方式，他也给了很多指导意见——来了病人应该怎么做检查，怎么去考虑。我们经常会碰到疑难杂症，看不懂、没见过的，我们就问董老师，董老师他看了很多书，能当场回答很多问题，也有些问题不能直接答复我们的，他就回去帮我们查资料，第二天就告诉我们了。当时没有互联网，全是到图书馆去查的，前一天问了他问题，基本上第二天他就能给我们答案。

杜 那这些外文的资料他督促你们看吗？

黄 他那个时候是要求我们看的，读研究生的时候都要求我们去看有关课题的最新进展的文章，去做课题，因为这个主要是关于股骨头坏死方面的东西，还是要求我们认真把这个事情做好。

杜 当时上课是在人民路那个医学院吗？

黄 实际上我们真正的专业课，不是正儿八经地像课堂教学一样，没有的。课堂教学的只是第一年的理论课，包括政治课、实验动物学、流行病学等，还有好多基础的东西吧，那个是上课的。但是专业上的东西，我们都是第二年上了临床之后，在病房里学的。

杜　在病房的这种上课方式是怎么进行的？

黄　在病房我们就是在临床实践当中学习，所有的老师都会参加每天的晨会交班。那个时候的交班，跟现在不一样，因为现在呢确实是病房太多，工作量比较大，也做不到对每个病人做详细的点评，以前我们每周有两天是很好的学习机会，周一是唐主任大查房，那就是整整一个上午，从早上基本上都要查到中午11点多，每个住院病人都要看，唐老师分析每个病人的情况，详细讲述每个病人的诊断依据及正确的处理方法；周四是我们董老师主持的一个疑难病例讨论，也是一个上午，我们全科的医生都会在那。实际上，我们专业上要学习的东西还是靠在这些临床实践中逐步地积累。课题上的东西实际上主要是靠自己，博士研究生就是要靠自己的能力，包括学习能力和科研能力，不懂的时候再去请教老师。

"我读博就做董老师的课题"

杜　读博时您的研究方向也是股骨头坏死？

黄　对，就是做我们董老师的课题。

杜　具体是要攻克什么问题？

黄　当时我们研究的是一个有关非创伤性股骨头坏死发病机制的问题。在非创伤性股骨头坏死的发病原因当中，激素是现在公认的最主要的原因之一，那么怎么样会引起股骨头坏死？激素是通过什么途径导致股骨头坏死的？我那个时候做的其中一个小的子课题，是关于激素和血管内凝血方面的研究。

杜　那最后这个问题解决了吗？

黄　机制性的东西本身就是一个可能机制，但是我们也都得出结论了，包括非创伤性股骨头坏死现在真正的机理到底什么情况。说句实在话，到目前为止有很多很多的学说，但是还没有一个真正明确的结论。

杜　那这种研究是不是需要做动物实验？

黄　对，当时做动物实验，我们做的是兔子，大白兔。先给大白兔用一些马血清致敏，再加上使用激素来制作动物模型，然后再测定凝血方面的东西，做病理学的切片检查，然后我们从凝血这个路径来解释股骨头坏死的可能发病机理。

杜　这个是要在实验室里做？

黄　对，在实验室，就在苏医的动物中心。

杜　那这个大白兔是动物中心养的吗？

黄　对，专门从动物中心购买，然后我们在那做动物实验，做完了再放在那养，他们当然也有工作人员，但是实际上兔子的喂养还是需要我自己去关心。说实在的，真的很辛苦，做动物实验真的很辛苦，刚开始做的时候动物的死亡率很高，第一次马血清一打，过两个礼拜打第二次的时候，兔子全部死了，实验只能再重新开始。

杜　当您遇到这些问题的时候，董老他是什么态度？他知道吗？

黄　知道是知道的，但实验中的这些困难，当时是不太想去多麻烦他，因为这种课题毕竟还是自己的事情，我们就靠师兄弟、师姐妹。我记得我们找了免疫学的研究生李新燕，我们是同学。她分析，死亡率这么高，可能是致敏导致的免疫反应太厉害，要让它弱一点，就想办法将马血清灭活，降低一点实验动物的免疫反应，从而降低动物的死亡率。

杜　那最后还是成功了？

黄　对，最后终于把这研究做完了。

杜　但是听您讲起来，做动物实验还蛮有意思的？

黄　说实在的，做完博士论文我就发誓再也不做动物实验了，但是博士毕业后不久到美国去做博士后工作，又不得已再次开始做动物实验了。

杜　这是一个必经的阶段？

黄　对，选了这个课题，而且股骨头坏死的课题，那个时候做得本身也不是说基础有多深厚，是我们董老师开创的一个东西，所以我们都得从头开始。他的学生一批一批下来，包括到现在我的学生都还有人在继续做这个课题，因为确实股骨头坏死到目前为止还是没有什么好办法能够治疗，仍然是一个没有攻克的难题。

杜　在您这个研究过程当中，您虽然说博士要自己做研究，那总要定期跟董老探讨吧？

黄　这个机理实际上不是有一个结果就能得出个结论的，这个结论是要根据实验的数据、实验的结果，通过合理的分析、逻辑的推理来得出，那么这个东西我们还是要请教董老师，就像我们写了文章一定要董老师去修改一样，我们的思路可能跟不上董老师的思路，没有他的思路开阔嘛，所以我们的结果还是要跟董老师汇报商量，确实他也给了我们很多的指导意见。

杜 那指导你们的时候，就是在上班的时候，还是下班后专门召集？

黄 一般来说都是业余时间，因为上班的时候还有很多临床的事情要做。

杜 比如在休息的时候召集你们来开会？

黄 对。

杜 像您做的这个研究，包括董老带的其他博士做的研究对提升附一院骨科水平的意义在哪里？

黄 实际上我们骨科分脊柱方面和关节方面，脊柱方面当然不用说，我们苏大附一院的水平是很强的，那么关节方面，非创伤性股骨头坏死是一个重要的部分，我们的研究，对我们科室的关节这个亚专科的发展起了很大的作用，我们也发表了不少文章。

杜 您带的像张勇这些学生也是继续沿着这条路在做研究，包括昨天张勇说从2002年开始到现在一直在追踪这个事情？

黄 对，从2002年开始的临床应用美多巴的这一批病人一直在我们门诊上随访，董老师最关心的就是这个课题，刚才我说了，他把这个课题当成他儿子来看，非常重视。他退休之后，也一直坚持要做门诊，一直到2015年。他为的是什么？就是要随访这批病人，他不想失访，最后是因为他的眼底出血，我们再坚持不让他去门诊的，董老师儿子做他工作都没用，还是我们去做的工作。

“我继承了董老师做人要诚实的原则”

杜 您作为他的学生，从董老身上还有没有学到一些其他的东西？

黄 跟着董老师，我觉得受益最深的就是做事要实事求是，一是一，二是二，不搞虚假的东西。我带学生时对学生也有这个要求，你不要编，所有的东西都要真实才行，不要文章写得很漂亮，最后人家说都是假的。

杜 就是要有一个科学的态度，那比如说在看病、对待病人的时候呢？

黄 对病人也是要实事求是。我对病人也是的，我今天看不出什么毛病，我也是实实在在跟病人讲，你这个毛病很复杂，我看不出来，没有必要去糊弄病人。这是个做人的道理吧，我觉得做人很重要，那在做人这一点上，我从我们董老师那里真的是学到了不少，而且我认为自己继承了他做人要诚实的原则。

杜 我看资料中咱们骨科属于双料重点科室，这在江苏省还是比较少见？

黄　对，国家级的重点学科和重点专科。

杜　那这个是怎么样得来的？像老一辈他们的功劳是什么？

黄　我们骨科能够发展壮大到这样，老一辈的基础肯定是必须要有的，从刚开始的董老师，然后向唐主任传承，再下来是到我们杨教授的努力，一步一步，一定要有这个基础吧。董老师也是最早的，他是全国骨科的前三届常务委员，当然最有学术地位的是我们唐主任曾经做到全国骨科的副主任委员。

“董老师他们就像一棵大树”

杜　您怎么评价董老他们的成就？

黄　说实在的，这个我还真是没法归纳，应该这样说吧，那个时候有这么一棵大树在那，然后下面的机会就多了，就把科室做好了，也就是做了一个好的平台，那么发展的机会也就多了，向各个方面的发展也就多了。就是从那个时候开始，我们关节从这个股骨头坏死发展到整个髋关节，什么毛病都能看，应该是平台好，老一代人建了一个平台，我们在这个平台上进一步发扬光大。

杜　国家重点专科对于附一院来说意味着什么？

黄　我们医院有我们骨科和血液科这两个重点科室，血液科是最早的，那就是我们的品牌啊，对医院来说也是个品牌，对提高医院的声誉也是非常重要的。

杜　比如说医院在资源的配置上，是不是有特殊的照顾？

黄　对，在某些方面医院对重点学科，肯定有一定的偏重，会给更多的机会，更大力度的支持。

杜　作为骨科的副主任，您怎么评价董老对附一院骨科的贡献？

黄　董老师他们就是打了一个很好的基础，当时苏大附一院骨科从外科当中独立出来，董老师他们那一代做出了非常巨大的贡献，董老师把我们骨科做得在全国都有一定名气，他曾经写过一本书，那就是一本教科书，是全国骨科医生的一本教科书，是一本放在口袋里的工具书，所以他是为我们骨科打造了一个坚实的基础。

杜　您感觉附一院骨科下一步还有哪些新的发展目标？

黄　说句实在话，我们现在的年轻一代首先要保住这样的成绩，这是基础，不是说这个给了你就永远是你的了。另外呢，也要跟得上时代的发展，一定要有创新，要在原来的基础上更专业化一点。我一直在想，我们的骨科亚专科单单分脊柱和关节可能还不够，以后我们可能还需要再细分，这样亚专科就能让更多的人来更专业地做一些专业化的工作。当然这个专业化的工作我也不希望从年轻医生开始，年轻医生还是应该让他有渊博的知识，知识面要广，各个科都应该去轮转学习，但是到了副高职称以上，就要更加专业化一点，这样的话，科室的发展会更加好，所以我认为亚专科还要再分得细一点，工作要更加专业化。

姜为民[1]：董老师给我们搭建了一个平台

杜 首先请问您来附一院骨科的时间，包括您读硕、读博的情况？

姜 我是1992年考到当时叫苏州医学院的附属第一医院骨科读博士研究生的。当时我是跨了个专业，因为我1989年读硕士的时候读的是小儿外科，然后博士读的骨科学，1992年我读了一年的基础课，然后1993年就上临床。1995年博士研究生毕业以后就留在附一院骨科。

杜 那您之前读硕、读博的时候工作了吗？

姜 读硕之前我工作过3年，当时在老家南通，通州人民医院。1995年博士毕业以后一直在附一院骨科工作到现在。目前我的专业是脊柱外科。

杜 您读博士是师从？

姜 唐天驷教授，但董天华教授也给我们上课，在临床上带我们的。

"他完全是出于一种责任心"

杜 董老跟我们说，有一段时间在骨科里对年轻医生实行英语教学？

姜 情况是这样的，董教授他的英语非常好，不仅仅是专业英语，他的公共英语也是非常好的，我听说他原来是读的教会学校，包括他当时在上海圣约翰大学学医的时候，他们用的教材都是英文版的教材，所以他的英语功底是非常好的。其实我们也都知道，英语好对我们从事临床工作有好处，董教授在这方面对年轻医生的要求非常严。

---

① 姜为民，苏州大学附属第一医院骨科副主任、主任医师、硕士生导师。

杜 怎么个严法?

姜 我印象非常深的是我刚刚进入临床的时候，每个星期四的上午，都有一个疑难病例的讨论会。当时我分管的一个床位上，有一个女病人是腰椎滑脱的，我们在办公室讨论过以后，就到病房里去看病人。董教授可能听说我的英语比较好吧，突然就用英语跟我讲，叫我用英语把这个病人的病史复述一遍。我当时很紧张，不过马上冷静下来，就用英语把病人的情况给董教授做了汇报。我记得非常清楚，汇报完以后，他用英语问我，为什么这个病人需要手术，我说因为她患有滑脱，然后董教授说，不全面，不是因为有滑脱了就要手术，而是因为她腰椎滑脱，而且还有腰痛症状了才要手术，也就是说，我们滑脱还不算病，滑脱了有症状，那才叫滑脱症。这个患者是患了腰椎滑脱症，所以才需要手术治疗。我印象非常深刻，尽管当时紧张得出了一身汗，但是这个过程还是挺愉快的。

杜 他问您滑脱症的那个时间是哪一年?

姜 我刚刚进临床，应该是1993年，差不多是八九月份的时候，我印象非常深刻，因为当时面对的是我管的第一批病人。

杜 后来又怎么进行英语训练的?

姜 从那以后吧，我们传统上每个星期四都有一个疑难病例讨论，后来逐渐的，董教授就鼓励大家用英语汇报病史。开始呢我们是在每个星期四的早晨，差不多用半个小时的时间，指定医生用英语准备一些相关的病例，然后我们本科的年轻医生准备一刻钟的英语读书报告会，lecture这样的一种形式，进行了一段时间以后，大家反响还是挺不错的。

杜 这个谁来组织的呢?

姜 这个都是董教授来主持的。后来考虑到早晨时间很紧，我们汇报的内容也很丰富，所以就改在星期四下午3点钟，下午的时间比较宽裕一点，手术结束的医生就可以来参加，下午从3点钟开始，用一个或者一个半小时的时间，这样我们就可以深入地讨论，主持呢都是我们董教授。

杜 那董老需要专门来一趟吗?

姜 是的。改了下午以后，他从家里过来都是自己叫一辆三轮车，自己过来。我们考虑到他年龄那么大，从家里到这儿也不方便，就商量好大家轮流去接他一下，董教授连说不用不用，他说他自己有固定的一个三轮车工人，他们很熟悉，就不需要另外麻烦科室了。他非常热心，对我们年轻医生的英语学习非常关心，可以说是言传身教，而且他是没有任何报酬的，完全是出于一种责任心，一种对年轻医生的爱护、关心之情。尽管我的英语还不是这么好，但是从董教授的言传身教这方面来讲，我真的是受益匪浅。

杜 这个活动坚持了多长时间？

姜 很多年。我是1995年毕业以后留校的。因为我们是医学院的附属医院，骨科又是一个名气、影响力各方面都比较大的科室，所以英语对我们还是非常重要的，跟国外交流都需要。差不多在1997年、1998年以后，我们跟国外的交流就越来越多了，英语对我们进行国际学术交流的重要性，也是越来越明显。也就是从那时候开始，我们觉得对科里的医生，尤其是对年轻医生来说，这个方面的教育应该要重视。差不多2000年前后，我们每个星期四就有一个英语lecture的活动。后来2015年，平江新医院启用，我们骨科就分成两块了，大部分到了新医院，还有一部分在老医院。有一段时间英语教学活动就不是这么正常了。

杜 那这个情况董老他知道吗？

董 董教授非常关心！去年春节，我们科里几个科主任，包括护士长，一起到董教授家拜年，临走的时候我走在后面，他把我叫住，特别关心地问我，说那个英语活动现在还在进行吗？我听了这话真是非常感动，也很惭愧。我当时就讲，董教授您放心，我们肯定会把这个活动继续进行下去的。他说，哎呀，如果说我走得动的话，我真想过来参加你们的活动。当时我真的被深深地感动了，这个确实不容易的。90岁高龄的人还在关心我们科里的英语教学活动，从这点来讲，真是可以看出我们董教授是一位真正的知识分子，关心我们科室，关心我们年轻一代的教育和成长，是一位非常热心，非常有责任心的长辈。

杜 现在这个活动又恢复了吗？

姜 恢复了。我们到了新医院以后，每个星期四的晚上，从6点钟到8点钟，差不多两个小时的时间，安排三位研究生做病例讨论的主讲，用英语。然后由本院的医生做一个读书汇报会，差不多半个小时左右的时间，最后展开讨论。研究生一定要用英语，其他的本院医生都欢迎他们参加，包括护士只要感兴趣的都欢迎他们来参加。除了节假日，我们平时都是每周四坚持这样一个活动，我想我们会一直坚持下去。

杜 那改成晚上，很多同事不就属于加班了吗？

姜 这个完全是自愿的业务学习，从事医生这个职业，要不断学习、不断提高、不断进步，所以不存在加班一说。尤其对我们外科医生来说，加班是自觉行动，没有领导要求你加班，所以星期四的活动就是我们正常工作的一个延续吧。

杜 他们讲的时候要做PPT吗？

姜 对，都要求PPT的。

杜 全程就是不管是讲的人还是点评的人，都用英语？

姜 对。最后我们每个人汇报完了，然后讨论介绍，我们也有学生点评一下。说实话呢，这个水平肯定是参差不齐的，有的非常好，准备得非常充分，条理非常清楚，但是也有的准备得就不那么理想，会在报告的格式，包括英语的发音等方面存在一些问题。然后我们就说，给你个机会，希望你下一次让我们刮目相看，这样也给他们点压力。

杜 那么董老他在这个英语教学中做些什么？

姜 他一个是主持，然后点评也是他。那我是起一个辅助作用，召集是我。现在他不能来参加我们这个活动，就由我来代替他做主持，点评什么的以我为主，这也是承前启后吧。

"英语教学搭建了一个学术平台，英语交流对我们这一级医院很重要"

杜 您感觉开展这个活动的效果有哪些？

姜 英语的重要性肯定不用说了，不要说到国外去进行国际学术交流，就是在国内也常常有国外的同行来交流。所以这样一个活动，尽管它时间是有限的，但对我们年轻医生来讲，就是搭建了这么一个平台，让他们有机会张口讲英语，能用英语来交流和讨论问题。不要说他们了就说我自己，我每次都能或多或少地从这个活动中得到一点收获，何况那些年轻医生呢。所以，我们的目的，也是按照董老的意思，营造这么一个氛围，同时给他们年轻医生一点压力。

杜 这个氛围很重要吗？

姜 说实话，人都有惰性的，你现在玩玩手机、玩玩电脑，时间很快就过去了，但是你给他一个任务，他知道了星期四我有任务，我要做什么，我要准备什么东西，那就会逼着他们积极主动地去准备这些英语的素材什么的，对他们来讲，这是一种压力，同时也是一个机会。我们常讲，怎样能表现出你的能力，这个活动就是个机会，同样都是研究生，在同一条起跑线上，一个报告会，你拿出来一比较，有的学生做得非常好，有的学生就结结巴巴的，这样一来，那些差一点的学生也就有压力了，他也会觉得我下一次要准备得充分一点。我们也会给他一个机会，希望他下一次好好表现，这就起到一个激励的作用。那么当我们跟外面有交流时，他们胆子也会大一点。

杜 当时搞这个英语教学活动的时候，董老对那些不参加的医生有没有过什么批评意见？

姜 这个是靠自觉的，我们也没有强制。当时这个活动，有的时候是比较正规，有的时候就稍微松散一点。真正正规就是从2009年、2010年开始吧，我那时主管教学这一块，我跟董教授商量，要指定一些英语教学骨干，把那些英语比较好的召集起来，以他们为骨干，他们一定要参加。当时还有一个特殊的情况，就是苏大开始招海外留学生了，从印度、印度尼西亚、沙特等国家来了好多海外留学生，有本科生、研究生，他们英语水平是可以的，但他们的中文还达不到自由交流的程度，所以也逼着我们老师必须要用英语来交流，必须不断提高我们的英语水平。所以差不多从2010年开始，我们就成立了一个比较强有力的英语活动的领导小组，指定了一些英语骨干，其他医生根据自己的工作安排和兴趣，他们想来我们欢迎，但是不做强制性规定。

杜 您觉得骨科作为双料的国家重点专科，跟内部的学习氛围，包括英语学习有没有关系？

姜 我们骨科作为教育部的重点学科和卫生部认定的重点专科，在全国排名还是比较靠前的。在现在国际化的背景下，我们跟外面的交流肯定越来越多，比如我们有一个国际病区，美国一个医疗集团定期会派专家到我们附一院骨科来一起门诊、手术，进行学术交流。如果说我们没有一个很好的团队，英语水平又都很差的话，我们怎么跟他们合作？所以外国专家来了，我们都有青年医生陪同他们一起门诊，帮他们翻译，包括术前准备、跟病人沟通，等等。这个显而易见，必须要靠英语来作为一种交流的工具。另外，我们现在也经常有外国的病人来求医看病，如果医生英语很好，就可以跟病人比较自主地交流。我记得我前年去中医院会诊一个病人，那个病人是澳大利亚人，中医院可能不太重视英语，那病人只会讲英语，医生又不会讲英语，这个就给看病带来很大的不便。就是有翻译也不是专业的，很难把专业术语翻译得很准确，所以从这一点上也可以看出，英语对我们这一级医院的医生来讲是非常重要的，而且我相信以后会越来越重要。

张勇[1]：把董老师的精神和成果传承下去

杜 您好，先请您介绍一下，您进入附一院读研和工作的情况。

张 我是2008年进入苏大附一院读硕士研究生的，进来之后就跟着董老一起上门诊，从事股骨头坏死这方面的研究，逐渐地也有了很深的认识。2011年毕业以后，有幸留在苏大附一院骨科工作，一直到现在。我们骨科专业分得很细，我主要是师从黄立新主任，他是董主任的学生。我们主要从事关节方面的相关研究和临床治疗。

“股骨头坏死的研究是董老毕生的心血”

杜 我听董老说，您现在帮助他收集的是有关股骨头坏死的资料，我想请您具体谈一谈都是些什么资料，怎么收集，资料的用途是什么。

张 我们股骨头坏死这方面的研究和相关成果，是董老师他毕生的心血。这方面的研究董老师从20年前就开始了，从2002年开始，通过用一种药物对股骨头坏死做保守治疗。在这之前，股骨头坏死这个病，在国内外都是一个治疗的难题。因为它发病比较特殊，一般集中在中青年，20到50岁左右的病人。之前的方法，要么是手术治疗，比较成熟一点就是做关节置换，关节置换的缺点是，它都有相应的使用年限，中青年病人，一个关节夹最多使用15到20年，这意味着这个股骨头坏死的中青年病人，预计有可能一生要做2~3次的关节置换，这对病人来说是很大的负担和创伤。所以董老师就研究它，他在国外的文献上看到文章，受到启发，就是

① 张勇，苏州大学附属第一医院骨科主治医师。

用一种药，这个药叫左旋多巴，即“美多巴”，主要是治疗骨折延迟愈合或不愈合的，他发现这个药物可以促进骨折部位的新骨形成。在这个启发之下，董老师致力于用这个药物来治疗股骨头坏死。他们前期做了大量的动物实验，发现左旋多巴可以间接地促进一个坏死区的新骨形成，促进骨头的修复。所以2002年开始，通过前期的大量验证以后，董老师就把这个药物应用于临床了。为了研究这个药的临床效果，需要对病人做大量的随访，所以董老师退休多年一直坚持坐门诊。但是随着董老师年龄的增加，因为身体方面原因，不能再坐门诊了，那么从2016年开始，这个股骨头坏死的门诊工作就由我来做了。

杜 这个门诊主要是做些什么工作？

张 我们门诊主要就是针对股骨头坏死的病人。我们的病人全国各地都有，周边地区更多一些。现在这个股骨头坏死的病人数量是逐渐上升的，为什么呢？当然跟这个治疗效果得到患者的认可有关系。我们目前随访和治疗的病人有八百多个了。我们临床的治疗流程主要是病人来了以后，我们会给他进行一个登记随访，你看到我们所有的登记册，每个病人都有独立的随访基础材料，我们会做整理，根据病人每次不同的复查和随访资料做相应的对比研究，给病人寻找一个个体化的治疗方案。那我们这个治疗目前来说已经得到了一系列满意的结果。董老师他现在虽然不再从事门诊的治疗工作，但是我们每天门诊的治疗资料，都会发给他的。

“他视力不好还坚持自己整理资料”

杜 你们发过去的资料，董老还要再整理吗？

张 他的眼睛以前做过白内障手术，现在视力不是很好，之前我们跟他说，您年纪大了，一些资料让我们来整理，但是他不放心，我们资料发给他以后，他还坚持自己再整理，他要逐个地审核。因为经验方面董老师比我们多，所以他每次都要把每个病人进行一个相应的对比，然后给我们提供一个规范的指导，我们再进行反复的调整。

杜 你们发给他的资料，是图片还是表格什么的？

张 我们发给他的是每次门诊随访的情况，包括我们随访的流程，病人髋关节的治疗，等等。每个病人到了门诊以后，我们都有规范的治疗流程。我们会详细询问他的临床病史，比如股骨头坏死的发病因素，比如激素的使用情况，包括使用激素的类型，使用时间，有没有再发病；还有针对酒精性的股骨头坏死的病例，我们会询问病人酒精的使用量，酒精的类型等。然后会详细登记他的资料，每次病人初诊，我们会采集病人详细的影像学资料，包括X光片、核磁共振的检查资料，同时我们会给病人做详细的髋关节的功能评分。我们现在采用国际上常用的髋关节功能评分，功能评分以后，每隔三个月我们会给他复查镜片，半年做一次核磁共振，每次病人来门诊随访的这些资料，我们都给他详细的打分，包括每次髋关节的，根据影像学研究资料进行分期，我们会做成PPT的形式，发给董老师。

杜　那董老他整理的时候做些什么？

张　他手里的股骨头坏死资料是最全的，董老师做的事情还是很多的。因为每个病人十几年下来会有大量的临床资料和影像学的片子，包括核磁共振的片子，通过随访，不断会有新的资料，他要把之前所有的资料调出来进行对比，看这个病人的治疗效果到底怎么样，股骨头坏死有没有药物的反应，包括股骨头的分期情况、核磁共振情况，他会把他的治疗方案进行相应的调整。这种信息他会经常反馈给我们。当然，我们会遇到一些临床疑难的问题，或者解决不了的问题，我们也会及时跟他联系。有时候晚上很晚了，他发现问题，比如有可能会出现病人的名字、登记号有误什么的，哪怕再晚他也会跟我们联系，说你这个有问题要赶快调整。

杜　门诊随访的意思是病人不用来医院吗？

张　我们现在主要是针对早期的股骨头坏死病人，为什么是早期呢？因为这部分病人的髋关节功能活动受限不是很严重，所以他可以自主地行走，可以到医院来。当然我们临床随访的方法很多，包括病人到门诊来随访、电话随访，以及通过相应的亲属随访。当然最多的是病人来门诊，这很重要，因为病人功能恢复情况到底怎么样，电话里没法进行检查的，到门诊可以随访检查。还有一个问题，病人他的依从性很重要，病人有时候有一种疲劳性，他觉得三个月或半年就要到医院来一次，有的病人可能坚持不了，有可能就不来了。董老师在家里会经常翻这些病人的资料，每个病人他都很了解，他会督促我们，这个病人这么长时间没来，一定要督促他来随访，为什么？因为每个病人的治疗方法都存在个体化的因素，所以治疗方案可能要进行调整。

杜　这个很难得，就是病人不来还督促他来？

张　是的。

杜　您说的这个专病门诊是每周开几次?

张　我2008年刚上临床的时候跟董老师学习，那个时候，董老师是每周两次门诊，周一和周三。后来随着他年龄的增加，快90岁的时候，医院领导建议董老师就不要上门诊了，在家休息吧，这么高龄应该颐养天年了，但是他就是不放心他的工作和病人，还是坚持来。到去年，由我接替他之后是每周一次，时间在每周三。

“15年随访了八百多病例”

杜　从2002年到现在，已经收集了八百多病人的资料，为什么会有这么多病人?

张　股骨头坏死的发病原因，一个是激素，一个是饮酒。激素是临床上很重要的药物，像治疗红斑狼疮、器官移植术后抗排异反应以及脑外伤等，激素是很重要的药物，但是它会带来一个问题，一部分病人会发生股骨头坏死。股骨头坏死的发病率在逐年增加，我们国家现在股骨头坏死的发病病人有500到700万，每年的新增病人大约有20万。

“药物治疗股骨头坏死得到了国内认可”

杜　在跟董老接触的过程中，您自己从他身上学到了什么?

张　他是一个大家、一位学者。在学术方面，他是非常严谨，非常认真的，他不允许一丝一毫的造假或者马虎在里面；他对每一件事情都会很认真，来个病人，哪怕是再小的毛病，他都会给他做很详细的检查，可能就会发现一些遗漏的疾病；还有一个，他这样高龄的老人，还在时刻关心病人，这种精神很值得我们学习，我们一定要把董老的精神和成果都传承下去。

杜　这个研究董老有没有说还要进行多久？或者说你们觉得还可以进行多久？有没有这样的预测?

张　股骨头坏死这个治疗的过程，我觉得会一直继续下去。因为这个病的发病率是逐渐增加的，这部分病人的量肯定会存在，它存在了，病人就要寻找好的和适合自己的治疗方法。随着我们医院现在这个门诊挂号系统，包括网上预约系统的实行，我们这个门诊量确实是越来越大。主要原因，一个是病人认可了我们这个治疗方法，还有就是现在疾病的治疗，正慢慢变得专业化、规范化和个体化。

杜 董老跟你们在研究时主要采用的交流方式是什么，见面、电话或者到他家里？

张 我们也很心疼他，因为他今年92岁了，现在他看文献，包括这些电子资料，必须要用放大镜才能看清楚，有时放大镜都看不清楚，因为他有很严重的眼底红斑变性，但是他就是这么敬业的人，他一直放心不下这么多病人。好多老病人现在每次到门诊都会问董老师的事情。我们跟董老师交流，主要是通过门诊资料的整理，通过发送PPT的方式，我们也会阶段性地到他家里去，跟他汇报。有时候有一些拿不定主意的、很急的东西，我们会打电话给他。

杜 你们的阶段性论文发表了，国内有没有其他的医院也采用这种方式？

张 股骨头坏死现在治疗的方法很多，我们这个治疗方案，它的优势在于对病人没有任何创伤，不是侵入性的治疗方法，有些病人，特别是早期的病人，他们对手术这一块还是有一定抵触心理的。手术毕竟对病人的身心还是有一定创伤的。我们这个药物治疗已经得到了认可。国内2016年最新的股骨头坏死治疗指南里面，已经肯定了我们这个方法。

杜 这个指南是谁编的呢？

张 中华医学会，应该是国内骨科领域的最高权威。

杜 好的，非常感谢您接受我们的访问。谢谢！

附录

董天华：大医精诚

（纪录片脚本）

【同期声】 董天华弹钢琴声："Sweet Bye and Bye"。

【解说】 这位正在弹奏钢琴的老人，今年已经92岁高龄。他正在弹奏的曲子，已经伴随了他70多年。

【同期声】 董天华：这个是"Sweet Bye and Bye"，网上叫"甜蜜奏鸣曲"，那么实际字面上呢，是"亲爱的再见"。

【解说】 董天华1926年出生于苏州，抗日战争爆发后，随父母搬到上海的祖父家。正是在祖父家暂时居住的一段时间里，他的三姑妈教会了他这首终生难忘的曲子。

【同期声】 董天华：我的三姑妈，她那个时候还是医学生，到家里来看见我在琴上自己弹普通的曲子，她就说我来教你一首歌，就是"Sweet Bye and Bye"。

【解说】 虽然从小酷爱音乐，而且音乐也伴随了董天华的一生，但是他在上大学时，却并没有把音乐作为自己的专业，而是选择了医学。

【同期声】 董天华：我的母亲就说，你将来学医可以多收入，……我的伯父对我的影响也很大。

【解说】 董天华所说的"伯父"，名叫董承琅，是我国第一代著名心脏病专家，也是我国心血管内科的创始人。

【同期声】 董天华：我的伯父董承琅大学毕业以后，在一个大资本家家里当家庭教师，资本家对他说，你到美国学习的所有费用我包了，所以他很幸运……毕业了就到北京最高医学学府协和医院当教授。

【解说】 抗日战争爆发后，北京沦陷，协和医院也被日本人占领。董承琅离开北京回到上海，一边在国立上海医学院当教授，一边开办了中国第一个私人心脏病诊所。正是在这期间，董天华聆听了伯父的授课，并在日常生活的耳濡目染中，受到了伯父从医的影响。

【同期声】　董天华：在他家里他把一本书拿出来，1934年国外的内科学教材，国外有引证他的文章。

【解说】　伯父的身体力行，让年轻的董天华树立了对医学的敬畏感和神圣感，在上海医学院，他用六年刻苦的医学专业学习，度过了自己的青春时光。

【同期声】　董天华：第一年是文化基础课，第二、三年是医学基础课，第四、第五年是医学专业课，第五年是见习医生，第六年是实习医生。

【解说】　1948年，已经大学六年级的董天华进入上海医学院附属中山医院，做了一名实习医生，开始了他的职业生涯。那个年代的实习医生非常抢手，也必须要学会处理各类科室的病患情况，这让他体会到很强的责任感，也学会了许多科室的治疗技术。

【同期声】　董天华：那个时候妇产科所有的产妇都是由实习医生接生的，我们刚去，从来没接生过怎么会呢，助产师就教我们怎么弄怎么弄，所以一个月下来我大概接生了二十几个小孩。

【解说】　1949年，上海解放，正处于实习医生后半段的董天华，迎来了两个时代的交替，面临毕业选择的他填写了北京和苏州两个医院的就业申请，但是由于通信不便的原因，最终他来到了苏州。

【同期声】　董天华：一个是苏州博习医院，一个是（北京）协和医院。可是那时候信息不通啊，苏州到上海已经解放，信通了，同意我去了，北京没信息，所以没到北京去。

【解说】　1949年夏天，董天华从国立上海医学院毕业，离开上海的父母家，只身一人，拎着两个箱子，坐火车回到小时候生长的故乡，进入位于苏州天赐庄的博习医院。

【同期声】　董天华：我记得很清楚，黄包车把我拉到了门口，我说我是来报到的，马上就有人领我去了宿舍，门一打开叫我进去。

【解说】　当时的博习医院地方很小，外科一共只有五名医生。科室之间的界线也没有那么清楚，一个医生要会治疗各科的疾病。

【同期声】　董天华：那个时候外科不是单单外科，不要说骨科、泌尿科，皮肤科也是外科医生管的，性病也是我们管的。

【解说】 这时的董天华感觉到原有的知识完全不够用了，必须加倍学习新的东西。于是在繁忙的工作之余，他把全部的时间都用来泡图书馆。当时的博习医院是国内少数几个水平较高，又有着60多年历史的教会医院，医院图书馆的医学文献非常丰富，这让董天华如获至宝。

【同期声】 董天华：图书馆是我经常去的地方，是我吸收营养的最主要的场所，第一年我就写了一篇文章。

【解说】 至今，董天华还保存着自己当年发表的第一篇文章，而这篇文章是关于麻醉的，这在他这个骨科医生看来，是一件很有意思的事。

【同期声】 董天华：这个麻醉方法很适用于日常的手术，特别是范围比较小、时间比较短的手术。这个很快就在《外科学报》上登出来了。

【解说】 博习医院图书馆的文献大都是来自国外的英文文献，而董天华能够熟练地阅读这些英文文献，得益于那个年代的医学教学。

【同期声】 董天华：医学院上课时老师都是讲英语的，不讲中文。那个时候医院的记录也全都是英文的，所以英语我讲起来很方便的。

【解说】 董天华的勤奋学习和英语能力，受到了当时的副院长陈明斋的赏识，他因此得到更多的关照和有意识的培养。

【同期声】 董天华：他在国外进修的时候，有很多资料和文章，他一批一批给我看，比如这个题目有五篇文章给我看，另一个有八篇文章给我看，过了两个月他收回去，等于说他是有目的地增加我外科的比较广泛的新知识。

【解说】 除了在医院内部的培养，董天华还被医院派到天津去学习，在那里，他得到了当时全国骨科权威方先之教授的亲自指导，专业水平取得了长足的进步。

【同期声】 董天华：他（方先之）的教学方式很丰富的：怎么样接触病人，怎么样询问病史，怎么样检查，怎么样来看他的影像资料，最后结论是什么病，怎么治疗……所以我在天津学习的一年收获很大。

【解说】 进修回来的董天华，开始着手创办骨科病房。1956年，医院从外科中正式开辟了骨科病房，董天华成了骨科第一个专职医生。在他的带领下，医院骨科开始逐步扩大，不断发展起来。

【解说】 在紧张的工作和学习之余，董天华仍保持着一直以来的音乐爱好。20世纪50年代初期，苏州博习医院边上的教堂经常举行各种教会活动，董天华经常担任唱诗班的指挥。而共同的音乐爱好，也是他和老伴当年走到一起的姻缘。

（起钢琴声）

【同期声】　董天华夫人张联璧：我们唱诗班晚上还要排练的，每天晚上就在赵乐门的家里，他家里有个小客厅，客厅里有架钢琴，我们晚上就练一练，第二天早上就去唱诗了。

【解说】　半个多世纪的相濡以沫，张联璧与董天华并肩走过了艰苦的岁月。即使是在那个动荡的年代里，年轻的董天华也从未停止他探索骨科医学的脚步。他翻译的《骨折与错位处理图解》一书，成为那个年代骨科医生几乎人手一册的手术指导教程。

【同期声】　董天华：这本书说的是全身二百七十几处骨头的骨折，哪一种应当怎么治疗，第一步用什么第二步用什么，都有图解。国内没有中文参考书的，都是英文的。

【解说】　“文革”期间，医院的正常医疗秩序受到很大冲击，一度办不下去，不得不搬迁到苏州西南的上方山。

【同期声】　董天华：有个阶段，苏州有武斗，我们逃到上方山疗养院去住了差不多一年吧。

【解说】　即使在这种状态下，董天华仍然默默地坚持做自己的医疗科研工作，从1956年到1972年，他坚持用17年时间跟踪观察腰椎间盘突出病的治疗情况，并总结成一篇文章，当文章1976年发表时，董天华这个研究者并没有敢署名。

【同期声】　董天华：每一个病人手术后都叫他来复查，一直复查两年以上……这个工作也不叫偷偷摸摸的吧，但就我自己知道，也不跟别人讲。

【解说】　“文革”结束，百废待兴。由于董天华始终站在骨科学术研究的最前线，多年来，苏州在国内骨科学界一直占据着重要的地位。董天华被中华医学会骨科学会推选为常委；之后，经国务院学位办评定，他又成为国内首批骨科学博士生导师之一。1982年，董天华被苏州医学院选派到法国进修医院管理。

【同期声】　董天华：法国的卫生体制蛮特别的，那时整个巴黎市有38所公立医院，到医院去后，他们院长介绍怎么管理医院，我另外要求再找骨科医生面谈，一方面了解医院的管理，一方面了解骨科的进展。

【解说】　为了方便交流和学习，不懂法语的董天华，开始努力学习法语，半年后就能娴熟地运用法语交流，并在法国《外科》杂志上了发表了《足趾再造手》一文，将自己曾经做过的开创性手术，传播到国外的学术舞台上。

【同期声】 董天华：在国内断掌再植方面我是第一个成功的，到法国去后，他们知道了这个事情，也叫我在他们的《外科》杂志上发表这篇文章。

【解说】 一年后，董天华圆满结束赴法进修，回到苏州。已经57岁的他，虽然年龄已经超过干部提拔上限，但是在上级党委的支持下和全院职工的期盼中，他被破格委以重任，担任苏州医学院医学系主任兼附属第一医院院长。

【同期声】 董天华：我副院长也没有当过，……特事特办，让我跳级作为医院的院长。

【解说】 担任院长的五年间，董天华吸取国内外先进经验，注重学科建设整体发展，不断研究并开展新技术、新疗法，同时锐意改革，积极进取，在职称评定制度和医院硬件建设等方面取得了重要突破，使医院在20世纪80年代取得了长足的发展。

【同期声】 董天华：我那时候就做这两件事情：一个是职称改革；一个是造了两个病房——高级病房和烧伤科的病房。

【解说】 在担任行政职务的同时，董天华也没有放松对骨科的建设，为了形成良好的学术研究氛围，他在骨科推行了英语晨间交班制度和英语读书报告会。

【同期声】 董天华：包括片子拿出来，我怎么处理的，处理以后怎么样，新的病人进来，手术适应症对不对，还应当补充哪些检查等。后来还有一个阶段就是每天早上叫一个当天值班的人报告小的课题，用英语讲五分钟，就是说我在科室里推行英语教学。

【解说】 骨科学术氛围的养成和英语能力的普遍提高，极大地促进了苏大附一院骨科的国际交流，提高了合作水平。

【同期声】 姜为民：美国的一个医疗集团会定期派他们的专家到我们附一院骨科来一起门诊、手术，进行学术交流。如果说我们没有一个很好的团队，英语水平都很差的话，那怎么跟他们合作？

【解说】 从领导岗位上退下来之后，董天华把更多的时间和精力投入到科研和教学上。从20世纪80年代到2000年，董天华共培养了12名硕士研究生和18名博士研究生。他们现在都已成为全国各地医院骨科方面的带头人和佼佼者。

【同期声】 王晓东：董老师在我们心目当中，就是一位大家，他是一个真正的，在医学领域能够带领、树立一种医学文化传承的大人物。

【同期声】 董启榕：整个他所铺就的这么一条路，这个方向或者这个思路，对整个苏州骨科有很大的引领作用。

【解说】　如今，董天华还保存着当年讲课用的一千多张幻灯片。

【同期声】　董天华：从1980年前后开始，20年来所有的资料都在这个里面，讲课的资料、病人随访的资料，都在这里面，实际上这个就是幻灯片。这上面写的是"股骨头坏死的自然进程"。那时候讲课都是用这个讲的。

【解说】　虽然从2000年起，董天华不再招博士生，但是他退而不休，一直坚持到医院坐诊，因为他既放不下那些病痛缠身的患者，也放不下他一直想要攻克的医学难题。这件事一做就是15年。

【同期声】　董天华：后来发现了非创伤性股骨头坏死，不是创伤引起的股骨头坏死，最近这个病例逐渐增加了，为什么呢？有几个原因，一个就是现在很多病用激素治疗很有效，带来的副作用就是股骨头坏死。用药物来治疗股骨头坏死是我最近几年重点研究的课题。

【同期声】　黄立新：他一直把他的课题当成他的儿子一样，包括到现在，退休了，90多了，他都放不下这个，一直在关心这个事情，非常认真。

【解说】　直到90岁时，董天华因视力下降，才不得不终止去医院坐诊，改由他的学生的学生来接替他继续接待和随访那些患者。

【同期声】　张勇：董老师他现在虽然不再从事门诊的治疗工作，但是每个门诊的治疗资料，我们每天门诊结束以后都会发给他的，他还坚持自己在整理，他要逐个地审核。

【解说】　退休后的十几年里，董天华一边用执着的观察访问来探究新治疗方案的效果，一边还每周坚持到苏州大学附属儿童医院指导小儿骨科的医疗工作。

【同期声】　王晓东：我们儿童医院的小儿骨科起步比较晚，当年我接手儿童医院骨科时，我们的床位数也就是十多张。董教授手把手指导我们十年，所以我们这个小儿骨科已经从一年开几百台的手术，发展到现在一年将近要2 500台，今年有可能要接近3 000台手术这么一个大的规模。

【解说】　凡是病人有需要的地方，就有董天华。他热心从事骨科健康知识的传播，到电视台接受媒体专访，开展公益宣传。

【同期声】　董天华：接受苏州电视台专访片段，介绍骨骼健康保健知识。

【解说】　今天，已经92岁高龄的董天华，每天坚持弹弹琴、散散步，保持着健康、乐观的生活态度，同时还不断关注着骨科领域医疗技术的新进展，探索着骨科新的治疗方法。

【同期声】 董天华：因为临床上有好多没有办法解决的问题，病人有痛苦你要想办法解决，那么就是说我们要活到老、学到老。

【解说】 董天华曾说，他这辈子就做了一件事，那就是每天琢磨着怎么能给病人看好病，减少痛苦。这是真正的医者仁心，热爱生命的赤诚之心。

董天华年表

1926年

生于苏州

1938年

因躲避“八一三”战乱，随父母一家八口从苏州辗转迁居上海。

1943年

毕业于上海市惠中中学（上海五爱中学前身）。

考入原国立上海医学院（后改为上海医科大学，现上海复旦大学附属上海医学院）。

1949年

大学毕业，同年7月进入原苏州市博习医院工作，任外科医师。该院于1951年由人民政府接收，1954年改名为苏州市第一人民医院，1959年又成为苏州医学院附属第一医院，后因苏州医学院并入苏州大学，故又更名为苏州大学附属第一医院。

1954年

赴天津医学院骨科进修班学习。

1956年

创建骨科病区。

1960年

任外科副主任。

出版译作《骨折与脱位处理图解》，担任主译。

1976年

参加唐山抗震救灾。

1978年

任外科副教授、骨科主任、硕士研究生导师，并创建创伤骨科研究室。

1981年

任外科主任医师。

任第四届苏州市政协委员。

1982年

赴法国巴黎进修医院管理。其间参观访问了法国巴黎多所著名医院和研究所，重点了解骨科临床新进展。在法国*Chirurgie*（《外科》）杂志上发表Reconstruction de la Main（《足趾再造手》）一文，并在一次外科学术会议上发言介绍该文。

1983年

任苏州医学院医学系主任兼附属第一医院院长。

1986年

任外科教授、博士生导师。历任中华骨科学会1—4届委员、常委，江苏省骨科学会副主任委员，苏州市医学会常委。

1992年

享受国务院特殊津贴。

出版《髋关节外科》一书，担任主编。

1994年

任中华骨科学会第一届骨缺血坏死学组组员，第一届关节镜学组组员。

1999年

被苏州市人民政府授予首届“苏州名医”称号。

出版译作《骨坏死：病因、诊断和治疗》，担任主译。

2001年

出版《外科学简史》，担任副主编。

2005年

出版《髋关节外科学》，担任主编。

2010年

退休后返聘，继续参加科室医疗、教学和科研工作。

2012年

获苏州大学附属第一医院“杰出贡献奖”。

被江苏省医学会骨科学分会授予“杰出贡献奖”。

2013年

被江苏省医师协会、江苏省医学会授予“江苏省医师终身荣誉奖”。

2016年

被江苏省医学会授予“终身医学成就奖”。

2018年

获中华医学会骨科学分会“杰出贡献奖”。

董天华历年发表的学术论文

1 董天华.硫苯妥钠的静脉内麻醉法[J]. 外科学报,1951,2(4):335—733.

2 董天华,陈明斋.自发性环椎脱位三例报告[J]. 中华外科杂志,1959,7(8):795—797.

3 董天华.外科领域中的异常出血[J]. 国外医学动态,1961,10:14—16.

4 董天华,唐天驷,刘凯声,等.脊椎化脓性骨髓炎40例临床分析[J]. 中华外科杂志,1963,11(6):425—427.

5 董天华.坐骨神经痛的鉴别诊断[J]. 天津医药杂志:骨科副刊,1965,9:171—175.

6 董天华,唐天驷,刘凯声.环指转移拇指再造一例报告[J]. 天津医药杂志:骨科副刊, 1966,10:142—143.

7 董天华.腰椎间盘突出症259例分析[J]. 中华医学杂志,1976,56(1):16—18.

8 董天华.腰背痛的正确诊断和治疗原则[J]. 江苏医药,1978,4(7):29—32.

9 董天华,唐天驷,朱国梁.带血管蒂游离腓骨移植6例报告[J]. 江苏医药,1979,5(8):29—30.

10 董天华,洪天禄,唐天驷.腰椎崩裂和腰椎滑脱症的手术治疗(附42例临床分析)[J]. 江苏医药,1980,6(3):18—20.

11 董天华.损伤组织修复的若干进展[J]. 国外医学:创伤与外科基本问题分册,1981,1:1—8.

12 董天华.肾上腺皮质激素的局注治疗[J]. 江苏医药,1981,7(7):54.

13 董天华,唐天驷,郑祖根.内侧腓肠肌肌皮瓣转移术[J]. 中华骨科杂志, 1982,2(3):163—165.

14 董天华,唐天驷,赖世福.半月板手术庆大霉素预防性注射的临床观察[J].中华外科杂志,1982,20(5):315.

15 DONG Tian-Hua. Organisation des soins en Chine[C]. Assistance Publique Actualites ,1983,6:56.

16 董天华.谈谈颈椎病的诊断[J]. 江苏医药,1984,10(7):46—48.

17 董天华.股骨颈骨折—有关临床问题的文献复习[J]. 江苏医药,1984,10(10):47—49.

18 陈贤志,董天华,唐天驷.阻抗容积图用于下肢深静脉血栓形成的诊断[J].中华外科杂志,1984,22(8):476—478 .

19 董天华,郑祖根,唐天驷,等.急性颈髓中央综合征—附27例临床分析[J].江苏医药,1985,11(12):6—7.

20 DONG Tian-Hua Reconstruction de la Main. A propos d'un cas[J]. Chirurgie, 1983,109(7):588-589.

21 董天华.法国的医院管理[J]. 医学与哲学,1985,2:50—51.

22 董天华.法国的医疗行政管理[J]. 中国医院管理,1985,12:50—53.

23 董天华,唐天驷,朱国梁.腰椎间盘突出再手术病例分析[J]. 中华骨科杂志,1986,6(6):441—443.

24 董天华.CT扫描在骨科的应用[J]. 江苏医药,1987,13(3):141—143.

25 董天华.胸腰椎骨折治疗的新概念[J]. 中华骨科杂志,1987,7(1):72—74.

26 董天华,王明华,赵钟岳,等.化脓性骨与关节感染—专题笔谈[J]. 江苏医药, 1988,14(7):380—385.

27 董天华.成人股骨头缺血性坏死:前言及病理[J]. 江苏医药,1989,15(11):609—610.

28 王金熙,董天华,唐天驷,等.骨显像定量分析法诊断股骨颈骨折股骨头缺血性坏死[J]. 江苏医药,1989,15(4):194—196.

29 董天华.对股骨颈骨折分类方法的建议[J]. 中国骨与关节损伤杂志,1990,5(2):120—122.

30 董天华.股骨颈骨折股骨头缺血坏死的系列研究[J]. 苏州医学院学报,1990,10(4):259—262.

31 董启榕,董天华,唐天驷.钩钉加压螺钉治疗股骨颈骨折[J]. 中国骨与关节损伤杂志,1990,5(3):132—134.

32 王金熙,董天华,刘振延.股骨颈骨折后股骨头缺血坏死与修复的组织学研究[J]. 苏州医学院学报,1990,10(4):263—266.

33 董天华.努力提高股骨颈骨折的疗效[J]. 江苏医药,1991,17(3):147—148.

34 董天华,王金熙,董启榕.内固定治疗股骨颈骨折的疗效分析[J]. 江苏医药 1991,17(3):118—121.

35 董天华,唐天驷,朱国梁,等.股骨颈骨折后股骨头坏死塌陷的临床观察[J]. 中华骨科杂志,1991,11(1):5—8.

36 王金熙,董天华,刘振延.股骨头缺血性坏死的病理观察[J]. 临床与实验病理学杂志,1991,7(2):111—113.

37 董天华.股骨颈骨折股骨头缺血性坏死的早期诊断[J]. 中医正骨,1991,3(4):40—41.

38 王金熙,董天华,刘振延.股骨头髓腔出血与缺血性坏死[J]. 中国骨与关节损伤杂志,1992,7(1):7—9.

39 王金熙,董天华,陈贤志.实验性股骨头缺血性坏死修复过程的生物力学研究[J]. 中华外科杂志,1993,31(6):374—376.

40 翁文杰,董天华,陈贤志.羟基磷灰石陶瓷人工骨(PHA)的肌肉、骨植入试验及生物力学评定[J]. 中华骨科杂志,1993,13(3):207—210.

41 董启榕,董天华,唐天驷.股骨颈骨折新型内固定的生物力学探讨[J]. 苏州医学院学报, 1993,13:499—451.

42 DONG Qi-Rong(董启榕),DONG Tian-Hua(董天华),TANG Tian-Si(唐天驷). Hook-Pin and compression screw in the treatment of femoral neck fractures clinical trial and biomechanical study[J]. Chin Med Journ, 1993,106:53-56.

43 徐耀增,董天华,董启榕.叶子交锁加压髓内针的研制和三种髓内针的生物力学比较[J]. 中国骨与关节损伤杂志,1993,8(2):115—117.

44 徐耀增,董天华.小型双端螺纹加压螺钉的研制和在肘关节内骨折的应用[J]. 苏州医学院学报,1993,13:496.

45 徐耀增,董天华,朱国梁.叶子交锁加压髓内针治疗股骨干骨折21例报告[J]. 中国骨与关节损伤杂志,1994,9(2):111—113.

46 董启榕,王金熙,董天华.核素骨显像预测股骨颈骨折患者的股骨头节段性塌陷[J]. 中华外科杂志,1994,32(9):520—522.

47 翁文杰,董天华,陈贤志.多孔型羟基磷灰石陶瓷人工骨的研制及其相容性研究[J]. 苏州医学院学报,1994,14(2):87—89.

48 王金熙,董启榕,董天华,等.股骨头坏死修复过程的核素骨显像变化[J].中华骨科杂志,1994,14(12):751—754.

49 董启榕,董天华,唐天驷,等.股骨颈骨折后股骨头坏死与塌陷的临床预测[J]. 中华创伤杂志,1994,10(5):206—207.

50 DONG Qi-Rong(董启榕),WANG Jin-Xi(王金熙),DONG Tian-Hua(董天华). Diagnostic Precoce par scintigraphie des collapsus segmentaires dela tete femorale apres fracture du col femorale[J]. J.Radiol, 1994,t75,n8-9 pp:423-425 .

51 DONG Qi-Rong (董启榕),WANG Jin-Xi (王金熙),DONG Tian-Hua(董天华).Diagnostic precoce par scintigraphic des necroses de la tete femorale apres fracture du col[J]. Chirurgie, 1994-1995, 120(4):194-197.

52 翁文杰,董天华.多孔型羟磷灰石陶瓷材料对骨组织生长影响的研究[J]. 中国矫形外科杂志,1995,2(4):263.

53 王钢锐,董天华.二磷酸盐的作用机制和在骨科临床的应用[J]. 国外医学:创伤与外科基本问题分册,1995,16(3):163—166.

54 董天华.股骨颈囊内骨折的治疗[J]. 骨与关节损伤杂志,1995,10(4):205—207.

55 DONG Tian-Hua(董天华),WANG Jin-Xi(王金熙). Implantation of Hydroxyapatite-Methyl-methyacrylate in the treatment of Avascular Necrosis of Femoral Head, Experimental Study and Preliminary Clinical Application[J]. Acta Acad Med Suzhou,1995,1:1-8.

56 翁文杰,董天华.多孔型羟基磷灰石陶瓷人工骨的生物力学性能评价[J]. 江苏医药, 1995,21(10):677—678.

57 WANG Jin-Xi(王金熙),DONG Tian-Hua(董天华),TANG Tian-Si(唐天驷),et al. Results of Vascularized (Muscle) Pedicle Bone Grafts for Femoral Head Necrosis after Femoral Neck Fracture: Three to Nine-Year Follow-up in 87 Cases[J]. Acta Acad Med Suzhou,1995,1:102-109.

58　徐耀增,董天华,徐先泉,等. EH型复合材料的研制和生物力学性能评价[J]. 苏州医学院学报, 1995,15(1):17.

59　徐耀增,董天华,洪天禄.狗股骨植入EH材料、自体与同种骨的对比研究[J]. 中华创伤杂志, 1996,12:233—235.

60　徐耀增,董天华,洪天禄,等. EH型复合材料植入狗股骨干的长期研究(扫描电镜观察)[J]. 中华骨科杂志, 1996,9:585—586.

61　徐耀增,董天华,洪天禄,等. EH型复合材料植入狗股骨干的组织学观察[J]. 苏州医学院学报, 1996,16(6):1051—1053,

62　董天华.对骨折治疗中几个问题的意见[J]. 中华骨科杂志, 1996,16(4):203.

63　SUN Jun-Yin(孙俊英)、DONG Tian-Hua(董天华), JI Bing-Ping(纪斌平). Fabrication of polysulfone composite prosthesis-experimental study of a canine composite femoral stem[J]. Acta Acad Med Suzhou,1996,2:97-103.

64　洪天禄,唐天驷,董天华. 节段性不稳在脊椎滑脱症外科治疗中的临床意义[J]. 中华骨科杂志,1996,16:412—414.

65　张建平,董天华,杨伟文.绝经后骨质疏松症的防治[J]. 国外医学:创伤与外科基础问题分册, 1996,17:231—233.

66　徐先泉,董天华,王钢锐.利用微机图像处理进行骨X线密度测量的研究[J]. 中华骨科杂志. 1996,16:784—786.

67　徐耀增,董天华,洪天禄.小型双端螺纹加压螺钉的研制和临床应用(附33例报告)[J]. 中国骨与关节损伤杂志,1997,12(1):22—23.

68　董天华.积极开展加速骨折愈合的研究[J]. 中华创伤杂志, 1997,13(3):133-135.

69　DONG Tian-Hua (董天华),LU Zhi(吕智),XU Xian-Quan(徐先泉). Experimental study of the effect of L-dopa on the repairing process of osteonecrosis of the femoral head[J]. Acta Acad Med Suzhou, 1997,3:1-6.

70　郑召民,董天华.第7届国际骨坏死会议纪要[J]. 中华骨科杂志, 1997,17(11):725-726.

71　徐耀增,董天华,洪天禄,等.EH型复合材料在胫骨平台骨折中的应用[J]. 中国骨与关节损伤杂志, 1997,12(6):330—331.

72　郑召民,董天华.现代技术革命对关节外科发展的影响[J]. 医学与哲学,1997,增刊:108—110.

73　郑召民,董天华.非创伤性骨坏死模型的研制[J]. 中华实验外科杂志,1997,增刊:174—175.

74　DONG Tian-Hua (董天华), ZHENG Zhao-Min (郑召民).The effect of bone morphogenetic protein and vascularized bone graft in the treatment of avascular necrosis of femoral head. An experimental study[J]. Acta Acad Med Suzhou,1998,4:1-4.

75　王钢锐,董天华.阿仑磷酸钠与雌激素对实验性骨质疏松作用的比较[J]. 中华老年医学杂志, 1998,17(2):76—79.

76　王钢锐,董天华.原发性骨质疏松症患者骨组织肿瘤坏死因子和白细胞介素6的活性变化[J], 中华实验外科杂志, 1998,15(4):236—237.

77　王钢锐,董天华.羟乙二磷酸二钠和左旋多巴复合治疗原发性骨质疏松症[J]. 江苏医药, 1998,24(7):493—494.

78　郑召民,董天华.非创伤性骨坏死血管内凝血学说研究的进展[J]. 中华骨科杂志,1998,18(10):627—630.

79　董天华,郑召民.第8届国际骨循环会议简介[J]. 中华骨科杂志,1999,19(3):191—192.

80　吕智,刘小丽,董天华,等.左旋多巴对兔股骨头坏死模型实验修复过程的影响[J]. 中华骨科杂志, 1999,19(6):370—373.

81　殷国勇,张学军,董天华,等.血管内皮生长因子在恶性骨肿瘤中的表达及其与转移的关系[J]. 江苏医药, 1999,25(7):495—496.

82　纪斌平,董天华,孙俊英.碳纤维复合物材料磨损颗粒的生物力学反应观察[J]. 中华骨科杂志,1999,19(8):491—493.

83　郑召民,董天华,吴广良.带血供骨移植加骨形态发生蛋白治疗股骨头坏死塌陷的初步报告[J]. 中华创伤杂志, 1999, 15(5):335—337.

84　姜文学,董天华,吴士良, 等.体外诱导骨肉瘤特异性细胞毒T淋巴细胞的实验研究[J]. 中国矫形外科杂志, 2000, 7(3):252—254.

85　郑召民,董天华,梁振雷,等.非创伤性骨坏死血栓前状态的实验研究[J]. 中华骨科杂志, 2000, 20(5):299—302.

86　姜文学,董天华.骨肉瘤特异性细胞毒T淋巴细胞的诱导及其抗肿瘤特性的研究[J]. 中华骨科杂志, 2000, 20(1): 12—15.

87　董天华.积极慎重开展全髋关节置换手术[J]. 江苏医药, 2000,26(8): 578—579 .

88　董天华.成人股骨头缺血性坏死的现代新概念[J]. 苏州医学院学报, 2000, 20(12): 1079—1081.

89　严军、董天华. Perthes病与易栓症和低纤溶[J]. 苏州医学院学报, 2000, 20(12): 1082—1084.

90　黄立新,董天华. 激素性骨坏死动物模型的研制[J]. 苏州医学院学报, 2000, 20(12): 1085—1088.

91　谢道海,董天华,郭亮. 成人股骨头缺血性坏死的MRI 表现[J]. 苏州医学院学报, 2000, 20(12): 1089—1091.

92　刘松,董天华,孙俊英. 股骨头缺血性坏死表面置换术的初步疗效观察[J]. 苏州医学院学报, 2000, 20(12): 1092—1094.

93　俞能宝,董天华. 全髋股骨头假体材料及生物力学研究进展[J]. 中国骨与关节损伤杂志, 2000, (15)6: 473—475.

94　陈广祥,董天华、黄士中. 带肌蒂移植成骨活动的实验研究[J].中国骨与关节损伤杂志, 2001, 16(5): 187—190.

95　林研,印心奇,董天华. 扩髓与非扩髓交锁髓内钉治疗胫骨骨折的疗效比较[J].中华创伤杂志, 2001, 17(12): 709—712.

96　吕智,刘小丽, 董天华,等. 股骨头坏死修复过程的动物实验研究[J]. 实用骨科杂志, 2001, 7(6): 430—434.

97　严军,董天华,邵君飞, 等. 年轻成人Perthes病的临床表现与MRI研究[J]. 苏州医学院学报,2001,21(6) : 675—677.

98　郑召民, 卢旭华, 董天华,等. 非创伤性股骨头坏死患者的血液学改变[J]. 中华骨科杂志, 2002, 22(7): 423—426.

99　董天华,刘松,朱国梁,等. 羟磷灰石骨水泥植入治疗股骨头缺血性坏死的中期观察[J]. 中华骨科杂志, 2002, 22(20): 84—87.

100　黄立新,郑召民,董天华,等. 激素性骨坏死发病机制的实验研究[J].江苏医药, 2002, 28(2): 97—100.

101　严军，董天华，董启榕，等. 兔Perthes病模型的影像学研究 [J]. 上海实验动物科学，2002,22(1)：467—470.

102　谢道海,董天华,郭亮，等. 股骨头坏死、修复过程的MRI及与病理对照的实验研究[J]. 中国医学计算机成像杂志，2002，8(1)：42—47.

103　严军，董天华，杨照耀，等. 自体骨髓移植治疗兔Perthes病模型的实验研究[J]. 中国矫形外科杂志，2002,10(7)：790—792.

104　董天华. 股骨转子间骨折的治疗(述评)[J]. 中华创伤杂志，2003，19(2)：73—75.

105　马伟,董天华,姚飞荣,等. 屈膝15° 髌股关节轴位X线片在髌骨排列异常中的诊断价值[J]. 中华骨科杂志，2003，23(40)：226—229.

106　严军,董天华,董启榕,等. Perthes 病动物模型的研制及其影像学情况[J]. 中国骨与关节损伤杂志,2003，18(7)：467—470.

107　吕智、李新建、董天华. 肾移植后的股骨头缺血性坏死. 实用骨科杂志2003，8(9)：289—293.

108　徐耀增，王晓东，董天华，等. 自体骨髓经皮移植治疗骨延迟愈合和骨不连. 中国矫形外科杂志 2003，11(9)：584—486.

109　刘慧松,董天华. 藻酸双酯钠，二磷酸盐联合应用对酒精性股骨头坏死预防作用的实验研究[J]. 苏州大学学报:医学版,2003 ,20(50)：525—528.

110　严军，董天华，潘阳，等. Perthes病与易栓症的相关性研究[J]. 江苏医药杂志,2003，20(8)：45—47.

111　严军，董天华，杨照耀，等. 组织工程法治疗Perthes病的实验研究[J]. 江苏医药,2004,30(2)：88—90.

112　刘慧松,董天华. 非创伤性股骨头坏死的病理改变及细胞凋亡的研究[J]. 江苏医药，2004，30(2)：101—103.

113　董天华,孙俊英,瞿玉兴,等. 表面置换术治疗中青年股骨头缺血性坏死[J]. 中国修复重建外科杂志，2005，19(9)：707—709.

114　瞿玉兴,王禹基,董天华,等. 全髋关节表面置换术治疗股骨头坏死近期结果[J]. 中国骨与关节损伤杂志,2005，20(8)：510—512.

115　董天华. 髋关节置换术的围手术期处理[J]. 苏州医学,2006，29(1)：2—3.

116　徐耀增，吕书军，董天华,等. Herbert螺钉治疗桡骨头骨折及文献综述

[J]. 中华创伤杂志, 2006,22(4):276—278.

117　瞿玉兴,孙俊英,董天华,等. 全髋表面置换术31例临床分析[J]. 中华外科杂志, 2006, 44(12):836—838.

118　谢道海, 董天华, 郭亮. 成人股骨头无菌性坏死塌陷的MRI测量[J]. 中国医学影像技术,2005, 222(4):594—596,

119　董天华, 黄立新, 谢道海. 美多巴治疗早期股骨头坏死的初步疗效观察[C]. 第二届上海国际骨科学术会议专家论文摘要, 2008, 6: 95—96.

120　席红波, 黄立新, 董天华. 左旋多巴干预激素性股骨头坏死中骨细胞凋亡的实验研究[J].中华骨科杂志, 2010, 30(1):73—78.

121　黄立新, 董天华, 谢道海,等. 左旋多巴治疗早期非创伤性股骨头坏死的近期疗效观察[J].中华骨科杂志, 2010, 30(7):641—645.

122　张勇, 黄立新, 董天华. 股骨骨折随内钉固定术后延迟愈合及不愈合原因分析[J]. 实用骨科杂志,2011,17(3):218—222.

123　张勇, 黄立新, 董天华. 股骨近端骨髓水肿综合征[J]. 中华组织工程研究与临床康复杂志, 2011,15(17):3221—3226.

124　张勇,黄立新,董天华. 膝关节韧带重建15例的术后康复干预[J].中国误诊学杂志, 2001,11(8):2002—2003.

125　张勇, 黄立新, 董天华. 孟氏骨折合并尺骨鹰嘴骨折1例[J]. 中国矫形外科杂志, 2011,19(12):1055.

126　张勇,黄立新,董天华. 强直性脊柱炎误诊为股骨头坏死一例报告[J]. 中国骨肿瘤骨病杂志, 2011, 10(4):425—426.

127　董天华. 中老年人锻炼三不宜[J]. 大众医学, 2013, 8:53.

128　董天华. 腰椎间盘突出, 不宜怀孕吗[J]. 大众医学, 2014, 5:47.

129　董天华. 腰椎间盘突出, 穿倒跟鞋能治好吗[J]. 大众医学, 2014,9:55.

130　席红波, 黄立新, 董天华. 左旋多巴干预激素性股骨头坏死中骨细胞凋亡的实验研究[J].中华骨科杂志, 2010, 30(1):73—78.

131　张勇, 黄立新, 董天华,等. 等离子刀联合关节镜治疗膝半月板损伤38例临床疗效观察[J]. 中国血液血流变杂志, 2015,(4):460—462.

132　孙数金, 黄立新, 董天华,等. 美多巴治疗早期非创伤性股骨头坏死的临床疗效[J]. 中国血液血流变杂志, 2015,(4):463—466.

董天华历年讲座的幻灯片和PPT课题列表

1. 创伤组织修复的若干进展
2. 多孔羟磷灰石人工骨的研制
3. 腰椎后外侧融合术
4. 股骨头表面置换术
5. 羟磷灰石骨水泥治疗股骨头坏死
6. 股骨头坏死MRI变化的实验研究
7. 骨质疏松症
8. 激素性股骨头坏死的预测和预防的研究
9. 钩钉加压螺钉治疗股骨颈骨折
10. 股骨颈骨折的合理分类与治疗
11. 多发性创伤的处理
12. 股骨颈骨折股骨头坏死的动物实验
13. 股骨头坏死MRI变化的实验研究
14. 股骨颈骨折股骨头坏死病例的核素骨显像变化
15. 股骨颈骨折的应用解剖及核素骨显像变化
16. 股骨头坏死治疗的历史演变
17. 髋关节的应用解剖与生物力学
18. 急性颈髓中央综合征
19. 股骨上段骨骨髓水肿综合征
20. 股骨头缺血性坏死——学习研究30年
21. 临床流行病学

22. Osteonecrosis of femoral head

23. 非创伤性股骨头坏死——综述

24. 对股骨头坏死X线片分期的修改

25. 股骨颈骨折的正确分期

26. 股骨颈骨折的分类与治疗原则

27. 股骨头坏死两种治疗方法的对比研究

28. 髋关节的解剖，生物力学与髋关节疾病的鉴别诊断

29. 股骨颈骨折股骨头坏死——诊断和处理

30. 髋关节的应用解剖与生物力学

31. 原发性骨质疏松症

32. 非创伤性股骨头坏死的病因与诊断

33. 非创伤性股骨头坏死的治疗

34. 股骨头坏死两种不同疗法的比较

35. The use of madopar in the treatment of nontraumatic necrosis of femoral head

36. 非创伤性股骨头坏死的诊断

37. 酒精性股骨头坏死的发病机理

38. 股骨头缺血性坏死：创伤性与非创伤性坏死

39. 非创伤性股骨头坏死的诊断与治疗

40. 小儿髋关节疾病

41. 常见中老年骨关节疾病的预防和治疗

45. 体育运动与健康

46. 多发性创伤

47. English study for young clinicians

48. Osteonecrosis of femoral head

49. 福善美治疗股骨头坏死（典型病例介绍）

50. 股骨头坏死修复过程中的实验研究

51. 股骨转子部骨折

52. 骨折治疗的基本原则

53. 加速骨折愈合

54. 临床医学科学研究方法
55. 怎样做可使自己成为一个合格的医师
56. 表面置换术治疗股骨头坏死
57. 多发性创伤（简化版）
58. 股骨头缺血性坏死——诊断与治疗
59. 后外侧融合术治疗腰椎崩裂和腰椎滑脱
60. Operation for forearm deformity caused by multiple osteochondromas
61. 福善美——骨质疏松症治疗领域的领跑者
62. 上肢神经卡压综合征

参考文献

[1] 董天华. 髋关节外科[M]. 南京: 江苏科技出版社, 1992.

[2] 陈明斋. 外科学简史[M]. 上海: 上海科技出版社, 2001.

[3] 董天华, 卢世璧, 吉士俊, 等. 髋关节外科学[M]. 郑州: 河南大学出版社, 2005.

[4] 苏州大学附属第一医院. 仁心仁术杏林暖 一壶清气满乾坤——董天华教授学医、行医、研医、传医70余载暨90华诞纪念册[Z]. 2015, 7.

[5] 章华明, 黄美树. 董景安: 民国初年的扫盲先驱[J]. 档案春秋. 2012(9):34-37.

[6] 陈灏珠.深切怀念我国心血管内科一代宗师董承琅教授[J]. 中华医学信息导报, 2013(17):21.

[7] 马樱健. “骨圣”方先之 创办中国骨科“黄埔军校”[N]. 城市快报, 2010-03-08.

[8] 王馨荣. 陈明斋教授逝世[J]. 苏州医学杂志, 1997(4): F004.

[9] 倪平. 医学界的一座丰碑——悼陈中伟院士[Z]. 东方网, 2004-05-17.

后　记

作为一个医学的外行者，访问一位医学巨擘，并完成对他一生辉煌历程的撰述，这项任务对我来说，是十分艰巨又非常荣幸的。

之所以说“艰巨”，是因为我对医学一窍不通，虽然在年轻时做过十几年的电视记者，也深入病房拍摄过骨科的一些手术过程，但是对骨科医学的认识还相当肤浅，而董老是苏州骨科医学的开创者和集大成者，我担心自己能否把他卓越的医学成就和丰富的人生经历较好地呈现出来，所以一直觉得这项任务沉甸甸的；之所以说“荣幸”，是因为我可以借此机会与一位医学大师面对面交谈，记录他的知识分享，聆听他的人生教诲，并通过他近百年的人生经历，触摸和认知西医东进、国人治病图强的历史变迁，这是一次多么难得的机会啊。

初次见面，董老是那样和蔼可亲，打消了我原有的许多顾虑。他对待我们的采访非常认真，常常给我们提出很好的建议和指导。但是，我们采访董老时，他毕竟已是92岁的高龄，为了不给他增加身心负担，不干扰他的生活作息，我们都是选择在上午登门采访，而且每次采访时间控制在两个小时之内。这样下来，我们大概到他家里采访了八九次，整理出了九万多字的采访记录。

回顾整个采访过程，我就像是有幸做了一回董老的学生，而他也尽量用通俗易懂的语言来给我这个门外汉表述深奥的医学原理，这让我从一个对骨科医学懵懂无知之人，变得到最后竟能说出一些医学名词和治病机理来，不得不说是一份令我深感幸福的收获。

除了采访董老外，我们还采访了他的夫人张联璧老师。张老师性格直爽、快人快语，采访过程中给我们带来很多欢乐的笑声。她给我们展示的1952年与董老的结婚照，带着穿透65年岁月的年代感，让我们体悟到爱情的美好与坚贞。

苏州大学附属第一医院烧伤科原主任唐忠义性格同样非常爽朗，初次见面就能够向我们敞开心扉，倾心交谈，他对董老的评价让我印象深刻；苏州大学医学部儿科临床医学院院长、苏州大学医学中心主任王晓东，苏州大学附属第一医院骨科副主任黄立新、姜为民，主治医师张勇都在百忙中抽出时间接受我们的访问，并认真修改访谈文字记录，他们的讲述丰富了我对董老行医、传医生涯的认识和理解。

董老的儿子，苏州大学附属第二医院骨科原主任董启榕教授不仅在百忙中接受我们的访问，而且认真审读了书稿全部文字，并以批注方式进行了逐字逐句的修改和订正，他细致的作风和严谨的文字表达，为书稿增色不少。

董老的女儿，苏州市草桥中学原校长董启梅老师也对书稿提出了不少修改意见，而且提供了许多珍贵的照片，让本书能够图文并茂地呈现董老多姿多彩的人生。

感谢跟随我承担这项采访工作的学生任心怡、倪丽、禹慧等人，她们娴熟的拍摄技术让采访得以完美记录和呈现；特别感谢任心怡同学为我整理了全部的采访录音，她认真细致的整理让访谈文字最大限度地保持了原汁原味。

感谢苏州市发改委与东吴智库联合立项的支持，感谢田晓明教授以博大的文化情怀和持续的热忱推动"东吴名家"系列丛书的创作和出版。感谢承担整个系列具体工作的"苏州大学新媒介与青年文化研究中心"团队，感谢中心主任马中红教授的精心组织安排和统筹协调，特别是她对书稿的指导和督促，是书稿能够完成的重要保证。感谢中心副主任陈霖教授的关心和指导，感谢苏州广播电视总台的潘文龙先生、《苏州日报》的褚馨女士以及苏州大学传媒学院同事陈一、张梦晗老师，与他们的相互交流和切磋，让书稿能够作为一个系列而整体面世。

苏州大学出版社的薛华强老师是这套丛书的直接负责人，他协助我们处理了全部的编务工作，为我们的创作提供了诸多帮助，在此一并致谢！

杜志红

2018年12月

主编　田晓明

田晓明，生于如皋，旅居苏州，心理学教授，先后供职苏州大学、苏州科技大学，现任苏州科技大学党委副书记、副校长。

副主编　马中红

马中红，江苏苏州人，苏州大学传播学教授，从事媒介文化、品牌传播研究。

副主编　陈　霖

陈霖，安徽宣城人，苏州大学新闻学教授，从事媒介文化与文学批评研究。

图书在版编目(CIP)数据

董天华访谈录 / 杜志红著. —苏州：苏州大学出版社，2020.1
(东吴名家 / 田晓明主编. 名医系列)
ISBN 978-7-5672-2599-2

Ⅰ.①董… Ⅱ.①杜… Ⅲ.①董天华—访问记 Ⅳ.①K826.2

中国版本图书馆 CIP 数据核字(2018)第 188544 号

书　　名：董天华访谈录

著　　者：杜志红
责任编辑：王　娅

出版发行：苏州大学出版社(Soochow University Press)
社　　址：苏州市十梓街 1 号　邮编：215006
印　　刷：苏州市深广印刷有限公司
网　　址：www.sudapress.com
邮购热线：0512-67480030
销售热线：0512-67481020

开　　本：787 mm×1 092 mm　1/16
印　　张：17.25
字　　数：270 千
版　　次：2020 年 1 月第 1 版
印　　次：2020 年 1 月第 1 次印刷
书　　号：ISBN 978-7-5672-2599-2
定　　价：98.00 元